子どもの脳をダメにするほめ方・脳を育てる叱り方

片野晶子

PHP

はじめに

毎日、お子さんと向き合って育児に孤軍奮闘しているお母さん。

「衣食住」を快適に整え、元気いっぱいのお子さんの遊び相手を務め、さらには将来に向け、しつけにも日夜尽力する。ときには、自分の用事なんてあと回しに……。そんな奮闘ぶりには頭が下がります。

ときに、あわただしく過ぎていく日常の中で、〝自己流でなんとなく済ませてしまっていること〟はありませんか？

もちろん、離乳食の作り方や掃除の仕方など、たいていのことは〝自己流〟でもなんとかなるものです。適当に取り組んだからといって、何かが決定的に損なわれたり、将来に悪影響が及んだりすることはないでしょう。

けれども、できれば〝自己流〟を避けてほしいことがあります。

それが、お子さんの「ほめ方」と「叱り方」です。

近年、脳科学の世界では驚異的な速さで研究が進みました。その結果、今まで

「わからない」とされてきたことが、どんどん明らかにされています。
それに伴い「このような言葉をかけたほうが、赤ちゃんの脳はよく育つ」というような事実も、多く発見されるようになりました。
つまり、幼い頃の自分がほめられたようにほめたり、叱られたように叱ったりするのではなく、最新の研究結果を取り入れた育児法にも、注目をしたほうがよいこともあるのです。

たとえば、あなたは次のような声かけをお子さんにしていませんか？

【ほめるとき】
・父親を敬う気持ちをもってほしくて、「さすがパパの子だね」という「わが家の決まり文句」で機械的にほめるようにしている。
・離れて暮らす祖父母らとの絆も大切にしたいので、「おばあちゃんもきっと喜ぶよ」というほめ言葉をクセにしている。
【叱るとき】
・公園でお友だちをたたいてしまったら、他のお母さんの手前、あえて〝大勢の前で〝わが子を大声で叱っている。
・テストで悪い成績をとってきたら、「そんな成績じゃ、将来いい会社に入れないわよ」と励ましのつもりで言っている。

これらのほめ方、叱り方は、一見素晴らしいものに思えるかもしれません。けれども脳科学的な観点からすると、すべて〝アウト〟なのです。

いったい、どのような点がダメなのか。詳しい解説は、あとの本文に譲るとしましょう。

「脳を育てる」ということは、体も心も健やかに育ってほしいという親の願いです。

脳とはどのように成長するのか、どのような性質を備えているのか、どうすれば喜んで力を発揮してくれるのかなどを知ることが重要です。

本書はそれらのニーズを踏まえ、「脳の仕組み」にまで踏み込み、わかりやすく解説することを目的としています。

「脳」とは、得体の知れないブラックボックス、というわけではありません。非常に扱いやすい「やる気を起こすためのスイッチ」ととらえてみてください。

脳に向かって、「よいほめ方」「よい叱り方」をしたときは、「そうだったのか！」とお子さんが納得し、よい脳内物質が分泌されて、やる気が出たり、次への意欲が湧いてきたりします。

反対に「悪いほめ方」「悪い叱り方」をしたときは、好ましくない脳内物質が分泌されて、お子さんはただ「不快」になったり、次への意欲を失ってしまったり、悲しみや不安などのネガティブな感情に流されてしまいます。つまり、お母さんの声かけ1つに、お子さんの脳の働きは簡単に左右されてしまうものなのです。お母さんの今の言動が、お子さんの将来の姿を決定するといっても過言ではないでしょう。

とはいえ、脳科学の観点から理想の子育てを求めていくことは、さして難しいことではありません。本書では事例もふんだんに提示して、わかりやすくお話ししていきます。肩の力を抜いて、リラックスして読み進めてください。

『子どもの脳をダメにするほめ方・脳を育てる叱り方』もくじ

第1章　脳をダメにするほめ方　脳を育てる叱り方

第2章 子育ては脳育て

第3章　こんなときどうしたらいい？〈ほめ方・叱り方事例25〉

◆ほめる

◆叱る

第4章 子どもはひとりひとり違っていい

第1章

脳をダメにするほめ方
脳を育てる叱り方

子どもには子どもの人格がある

どんなお母さんも、わが子の健やかな成長と輝かしい未来を期待して、子育てに一生懸命になるものです。

「さまざまな体験を重ね、多くの知識を身に付け、立派な大人になってほしい」そんな気持ちから、「教える」「諭す」といった姿勢でお子さんに接してしまうのは、ごく当たり前のことかもしれません。けれども専門家の立場から見ると、そのような接し方が裏目に出ることは決して珍しくありません。

お母さんの熱意がお子さんの成長を妨げたり、その伸びしろを縮めたりするとは、なんとも皮肉な話ではないでしょうか。

そうならないためには、いったいどうすればよいのか。第1章では、「子どもの脳を育てる」という観点からわかりやすくお話をしていきます。

最初にお伝えしておきたいのは、「子どもとお母さんとは違う人格である」という事実です。十月十日も自分のお腹の中にいたのですから、「わが子＝私の分身」ととらえたくなってしまう気持ちはよくわかります。しかし、お子さんにはそれぞれ個性があり、独立した1つの人格があります。

もちろん、お子さんはご両親やおじいちゃん、おばあちゃんの遺伝子をしっかりと受け継いでいます。体型や好みや能力などの面で「似ている部分」が認められることは、少なからずあるでしょう。けれども「自分の頭で考えて、行動をするひとりの人間」、つまりお母さんにとっての「他者」でもあると、心の片隅に留めておいてほしいのです。

特に男の子の場合は、いたずらやけんかなど、予想外の行動をとることがよくあります。実際、「私の子どもなのに、なぜそんな乱暴なことをするの？」と悩んでいらっしゃるお母さんたちに、私は数多く接してきました。

お子さんの心の動きが理解できなくても、まったくおかしくはありません。それよりも、客観的な視点で「こんな子がいてもいいんだ」ととらえることができると、お互いに心地よい時間を共有できるはずです。家族みんなが幸せになる子育ては、「子どもには子どもの人格がある」と認めることから始まります。

子どもの脳をもっともよく育てるのはお母さん

「子育て」の目標について、お母さんたちに聞いたとき、「しっかりと丈夫な体の子に育てたい」「かしこい子に育てたい」「きちんとしたふるまいができる子に育てたい」、このような答えをいただくことが多いものです。これらの願いはみな、「脳を育てること」で叶えることができます。「子育て」とは「脳育て」と言い換えることもできるほどです。

お子さんがもつそれぞれの個性を認めながら、意識的に「脳」にアプローチをしていけば、頭脳面はもちろん、精神的な面でも肉体面でも、その子が備えている最大限の美点を引き出すことができます。それほど「脳」は、体の中でも特別なところなのです。

心も体も、脳がつかさどっている

少し専門的な話になりますが、「脳」について説明をします。

脳は、精神面と肉体面、どちらの動きもつかさどります。

たとえば「手を動かしたい」というときは「前頭葉」に指令がいき、そこから手に向かって電気信号が発信され、実際に「手が動く」ことになります。つまり、脳とは全身の司令塔のようなものなのです。

また脳は、自分の意志とはまったく無関係に動くこともあります。

たとえば緊張しているとき、「緊張しているなあ」と自覚をしなくても「鼓動が速くなる」ということは、多くの方が経験していることでしょう。このような体の変化も、脳の働きによるものです。

また、脳では状況に応じてさまざまな脳内物質が分泌されます。

幸福感をつかさどる「ドーパミン」。イライラする感情や集中力をつかさどる「ノルアドレナリン」。癒しをつかさどる「セロトニン」。興奮をつかさどる「アドレナリン」。ひらめきをつかさどる「アセチルコリン」。休眠をつかさどる「メラトニン」。恍惚（こうこつ）感をつかさどる「エンドルフィン」など……。

これらが分泌されている状態を、肉眼で観察することはできません。

けれども脳は確実に、これらの脳内物質を「適切」と判断したタイミングで分泌しているのです。逆にいうと、これらの脳内物質を正しく理解し、味方に付けることができれば、「不快」と感じる状態をなるべく遠ざけ、「快」の状態を保てるようになります。

当然のことながら、大人にとっても子どもにとっても「不快」と感じる状態でい続けることに何のメリットもありません。「快」と感じられる状態のほうが、精神面でも肉体面でも、最高のパフォーマンスが発揮できるものです。

たとえば客観的に見て困難な状態であっても、本人が「がんばろう」というやる気に満ちていたり、「難しそうだけれどチャレンジしたい」とワクワクしたりしていれば、それは「快」の状態となります。

子どもの脳を、どんなときでもできるだけ「快」の状態にすること。

言い換えると、ワクワクした気持ちや、やる気にあふれた状態に導いていくこと。「自分にもできた!」「がんばることができた!」という自己肯定感を、きちんと感じられるようにうながすこと。

これらの働きこそ、身近にいるお母さんが担うべき〝役割〟なのです。

覚えておいてほしいのは、「脳を育てる」という営みにおいては、もっとも身近な人が継続的に関わり続けることが最良だということです。

ここまで、本書では便宜的に「お母さん」と呼び方を統一してきましたが、毎日一緒に暮らしている身近な人であれば「お父さん」「おじいちゃん」「おばあちゃん」などでもかまいません。

ただ、保育園や幼稚園の先生や、たまに遊んでくれる親戚というレベルではなく「常にその子だけを見守っていてくれる」「呼べばいつでもそばにきてくれる」、それくらい身近な大人であることが重要です。

つまり、脳とは幼少期の周囲の大人の関わり方によって、どれだけ伸びるかが大きく左右されるものなのです。

遺伝的な要素より、環境的な要素のほうが脳に大きな影響を及ぼすことが、さまざまな実験で明らかになっています。

もちろん、子どもの脳を育て、よい方向へ導いていくことは何歳からでも可能です。気付いたときから、お子さんとしっかり向き合っていきましょう。

愛情を注がないと、脳は育ちにくくなる

ここで参考のために、「子どもに愛情を注がないとどうなるか」というお話もしておきましょう。世界に目を向けると、驚くようなエピソードや、実験の結果が報告されています。なかでも有名なのは、インドで発見された「オオカミに育てられた少女たち」の実話でしょう。

１９２０年、カマラとアマラという2人の少女が、インドのミドナプールのオオカミのすみかから発見されました。当時カマラは8歳、アマラは1歳半だったそうです。2人は姉妹ではなく、偶然同じ時期に、捨てられていたところをオオカミに拾われました。

発見されたとき、少女たちは手を前についてオオカミと同じように4本足で走り回り、人の姿には見えなかったといわれています。手足の腱や関節がもろく、立って歩けなくなっていたのです。生肉以外は食べず、遠吠えのような声をよくあげ、聴覚や視覚、嗅覚はとても鋭く、人間との関係にはまったく興味を示さなかったと

いいます。その後、周囲の協力でカマラはリハビリを行ない、立って歩いたり、いくつか言葉を話せるようになったりしたそうです。

ここまで極端な例ではなくても、親（周囲の大人）に愛情を注がれるかどうかで、発達に著しい差が出てきます。外国では赤ちゃんを愛情を注がれるグループとそうでないグループに分け、その発育を比較する研究が行なわれています。

その研究では「おむつ交換とミルクの時間以外は、人と接触しない」という育て方の実験が行なわれました。その結果、赤ちゃんの認知機能に障害が生じた、と報告されています。

この場合の「認知機能の障害」とは、子どもの情動の発達や、読み書きの能力、身体能力など、さまざまな能力のことを指します。つまり「最低限のコミュニケーションで育てられた赤ちゃんは、あらゆる能力が落ち、無気力になってしまった」ということなのです。

子どもと接するときは、「衣食住、最低限の世話をしていればよい」というわけではなく、愛情を注ぎ、心にも栄養を与えてあげることが不可欠です。

子どもの力を伸ばすには「正しくほめること」

お子さんに愛情を注ぎ、脳を育てていくためには、具体的にどうすればよいのか見ていきましょう。

子どもは、お母さんとは別の人格をもっているので、自分の意志で動きます。お母さんから「○○をしなさい」とうながされて、仕方なく行動することもあるかもしれません。その様子を見て「私の言うことを聞いてくれた」と喜んだり、安心したりするお母さんもいるかもしれません。

しかし、子どもはお母さんの操り人形ではありません。いつか大人になってひとり立ちする日は確実にやってくるのですから、自分の意志で考え、行動できるようになることが重要です。

子どもが自発的に考え、気付き、行動できるようになるために、お母さんはどう導いていけばよいのでしょうか。

いちばんの近道は「正しくほめる」ということです。

子どもに限らず、人は「ほめられること」が大好きです。なぜなら、脳にとって、他人からのほめ言葉は最高のごほうびだからです。

脳は、ほめ言葉をかけられると「うれしい」「気持ちいい」と「快」の気持ちに満たされ、考え方がより前向きに、よりポジティブになります。

その結果、意欲的になって「もっとほめられたい！」と、がんばるパワーが湧いてきて、さまざまな力を最大限に発揮していくことができるというわけです。

専門的な話をすると、人は誰でも「ほめられたい」という願いをもっています。それを「承認欲求」と呼びます。たとえ衣食住が最高に整った環境にいて、何不自由なく過ごしていても、他の誰かからほめられたり、よい意味で認められたりしないことには、人は「楽しい」「充実している」とは感じられないものなのです。この心の働きは、小さな子どもだって同じです。

子どもをいちばん多くほめることができるのは、何といっても身近なお母さんでしょう。子どもと接するときは、「何かほめるつもり」で向き合い、「いいところ探し」をするくらいがちょうどよいのです。

ほめられたとき、脳の中で何が起こっているのか

ほめられたとき、脳の中ではいったい何が起こっているのでしょうか。

脳はまず、幸福感をつかさどる「ドーパミン」という物質を分泌します。ドーパミンは「快楽物質」としても有名です。脳は強い気持ちよさを覚えて、「ドーパミンが出る前に行なわれていた行動」を何度も繰り返そうとします。これを専門的な用語で「強化学習」と呼びます。ほめられて「うれしい」と感じてドーパミンが出たため、「またそのときの行動を繰り返したい」という前向きな気持ちになれるのです。うまく「ほめられること」で、どんなお子さんもその力をよい方向に伸ばしていくことができるというわけです。

脳内物質・ドーパミンは、「やる気スイッチ」とも言い換えられるでしょう。

もちろん、「ほめられること」自体が目的になってしまうと、力をうまく発揮できなくなったり、長い期間がんばることができなくなったりと、デメリットも生じてきます。そのような「よくないほめ方」については、あとで説明をします（56

ページ）。よくないほめ方は、控えるにこしたことはありません。

ほめることの効用について調べた実験は、世界中で多く行なわれています。

たとえば脳卒中リハビリの世界的権威、ブルース・ドブキン教授の近年の実験をご紹介しておきましょう。

2010年、ブルース・ドブキン教授（UCLA神経リハビリテーション科）らがアメリカや日本など7カ国で国際研究を行ないました。脳卒中の患者さん179人を調べたところ、歩くリハビリをするとき「ほめられた患者さん」は、「ほめられなかった患者さん」より、歩く速度が大幅に速くなることが明らかになったのです。「ほめられた患者さん」と「ほめられなかった患者さん」のリハビリ開始前からの改善効果を比べてみると、約1・8倍だったそうです。

育児期においても、「ほめること」を子育ての〝武器〟にしていきましょう。

そのためには、脳のメカニズムを理解しておくことです。脳には「報酬系」というシステムが存在しています。その人のもつ欲求が満たされたときに活性化し、その欲求がうまく満たされたり、ほめられたりすると、ドーパミンが分泌され、「気持ちいい」と感じます。そして、再び意欲的になれるのです。

脳を育てるのに大事なもの①

コミュニケーション

親子間の理想的なコミュニケーションは、脳をよい方向に育んでくれます。

コミュニケーションは、大きく2つに分かれます。それは「言葉によるコミュニケーション」と、ボディタッチなどの「スキンシップ」です。1つ目の「言葉によるコミュニケーション」については、第3章で詳しくご紹介していきます。

ここでは2つ目の「スキンシップ」について、見ていきましょう。

人は信頼している誰かと肌と肌で触れ合い、「うれしい」「楽しい」などポジティブな気持ちを共有できたと感じたとき、双方が大きな安らぎに包まれ、幸福感に満たされます。それは、「オキシトシン」というホルモンが分泌されるからです。オキシトシンが分泌されることで、次のような効果が期待できます。

「恐怖感や不安感が軽くなる」「ストレスが軽くなる」「周囲への信頼感が増える」「周囲の人と積極的に関わっていこうという気持ちになる」「学びたいという気持ちが強まる」「幸せな気分で満たされる」。

そのため、オキシトシンは「幸せホルモン」「信頼ホルモン」「絆ホルモン」「癒しホルモン」など、多くの異名で知られています。

もちろん、オキシトシンは小さな子どもでも分泌されますから、幸福感で満たすために、このホルモンの力を借りない手はありません。

お母さんが積極的にハグをしたり、ハイタッチをしたりするだけで、子どもは幸福感でいっぱいになり、気持ちが安定し、ひいては前向きな気持ちになったり、学習意欲が強まったり、周囲と理想的な人間関係を築いていくことができる、というわけです。つまり、大人とのリアルな接触こそ、子どもの脳の回路を作ります。それは、認知機能が発達する土台となっていきます。

要は、お母さんとのスキンシップで安心感を得ることができた状態ほど、「学びたい」「知りたい」という欲求が湧きやすいということです。

「脳は強化される回数が少ないと、神経回路が退化する」という説があります。スキンシップの回数が少ないと、オキシトシンもなかなか分泌されず「脳が育ちにくい」ということになります。「おはよう」「おやすみ」のときなど、特に大きな理由がなくても、密にスキンシップをすることをおすすめします。

脳を育てるのに大事なもの②

食事

「朝食は1日の力の源だから、しっかりとったほうがいい」

このような説については、多くの方が一度は見聞きされたことがあるのではないでしょうか。たしかに「脳を育てる」という観点からも、朝食を欠かすことはできません。その理由を1つずつ見ていきましょう。


朝食が必要な理由の1つ目は、「体のリズムを整えることができるから」です。

もし朝食を抜いてしまったら、初めての食事はお昼ご飯になります。いくら目覚めているとはいえ、何も栄養補給をしていないので、午前中はしっかりと活動をすることができなくなってしまいます。

簡単なメニューでもよいので、朝食をとり、体のリズムを整えていきましょう。

なぜ整うのかというと、朝食をとることでリラックスモードである副交感神経から、活動モードである交感神経へと自律神経が切り替わるからです。

そもそも自律神経とは、自分の意思の力で操ることはできないものです。ところが、食事をすることで、自動的に交換神経が優位な状態へと体が切り替わってくれるのですから、「朝食」という目覚めのスイッチを利用しない手はありません。

朝食が必要な理由の２つ目は、「集中力とやる気が上がるから」です。

朝食をとった直後から、体温は上がり始めます。体の中で熱が作られ、全身のエンジンがかかり、それに伴って集中力や、やる気も起こっていきます。

一方、朝食をとらない場合は、家を出るまで体温は低いまま。通園や通学など、歩いていくうちに少しは上がりますが、午前中はおおむね低い状態が続きます。それは「体のエンジンがかからない状態」ともいえるでしょう。ある調査では、「朝食をとっていない児童は、朝食をとった児童より、平均０・６〜０・８度、体温が低い」という結果も出ています。

朝食が必要な理由の３つ目は、よくいわれることですが「脳にエネルギーを届けることができるから」です。

人間の脳がうまく機能するには、エネルギーが欠かせません。そのためエネルギーのもとである「ブドウ糖」を、食事によって補うことが大事です。

特に、前日の夕食から10~12時間ほども食事の間隔が空いている朝食は大切です。朝食を抜いてしまうと、脳にまでエネルギーが回らないため、脳のエネルギーが足りなくなってしまいます。

脳のエネルギーが不足すると、元気に遊んだり、効率よく学習したりするどころではありません。本人の自覚はないかもしれませんが、怒りっぽくなったり、ソワソワと落ち着かなくなったりしてしまいます。

また年齢が上がって、小学生や中学生になると、「朝食を食べたかどうか」と「学力」の間に深い関係があることが明らかになっています。

「朝食をとった生徒は学力テストで高得点をおさめ、まったく食べていない生徒は点数が低い」

そのようなショッキングな結果が、数多く報告されています。

また理想をいうと、食事の内容は栄養バランスがとれていることが望ましいものです。炭水化物、たんぱく質、脂肪という三大栄養素が揃っていれば、最高です。

「パンとジュース」「ご飯にふりかけ」というような「炭水化物メインの主食が一品」というスタイルではなく、「玉子焼き」「焼き魚」などのたんぱく質の食材もしっかり加えるとよいでしょう。

このようなお話をすると、決まっていただくご意見があります。

「自分も仕事があって出勤の用意をしなければいけないし、朝から子どもの食事をきちんと作ることができません」

もし、そのような状況であるならば、話は別です。栄養バランスを気にかける前に「子どもには、とにかく何かを食べさせる」ということを第一の目標にしてみましょう。

「今まで朝食をとらずにきたので、子どもが食べてくれません」というお悩みを聞いたこともあります。そんなときは、お子さんと一緒に買い物に行き「朝食の食材」を選んでみてください。「自分で選んだもの」には愛着が湧くため、食の細い子どもでも、すすんで食べてくれるでしょう。

脳を育てるのに大事なもの③

睡眠

体の中では、私たちが意識しないうちに、さまざまな器官や組織が働いて、命を維持してくれています。たとえば「睡眠」という営みもその1つです。

「昼間は起きて活動をして、夜になれば眠たくなって眠り、翌日になって朝がくればまた目覚める」

大人も子どもも、このようなサイクルで過ごしています。

「睡眠」は、人間の体にとって欠かせない営みです。体の疲れも脳の疲れも、眠ることでしか取り去ることができません。だから、睡眠時間をきちんと確保して眠ることは非常に大事です。

特に脳は、気付かないうちに疲れていることが多いものです。脳は、目を開けて過ごしているだけで、「視界にあるものすべて」を感知してしまうため、否が応でも働いてしまうという性質をもっています。ですから、脳を休ませるには、まず目を閉じること。そして「眠る」という方法がもっとも有効的なのです。また眠ることで、その日1日の記憶が脳内で整理され、大事な情報は保存され、そうでない情報は〝削除〟されていきます。

また、睡眠時に行なわれる、人体の大きな〝仕事〟があります。ホルモンの分泌です。子どもの活動に特に関係が深い2つのホルモンについてお話ししましょう。

1つ目は「成長ホルモン」です。

このホルモンは、寝入ったあとの最初の深い眠りの際に分泌されます。筋肉や骨を育てて体を大きくしたり、大脳の働きをうながしたりなど、その名のとおり「成長」に関係する重要なホルモンです。

2つ目は「メラトニン」です。

このホルモンは、朝に起きてから14〜16時間後、夜暗くなると出てきます。スムーズに入眠させ、情緒を安定させてくれるホルモンです。

ところが、就寝の時刻が遅れるにつれ、体の中でメラトニンの分泌量が減り、成長に悪影響が及ぶ可能性が指摘されています。

これら2つのホルモンを適正に分泌させることが、脳を育てることに直結します。「睡眠中には大事なホルモンが出ている」ととらえて、よい睡眠ができるようお子さんを眠りへ導いていきましょう。

また「体内時計（サーカディアンリズム）」という考え方についても知っておいてください。

時間の概念では、「1日」は24時間です。けれども私たちの体のリズムをつかさどる体内時計は、1日がなんと25時間というサイクルになっています。つまり、実際の時間の流れと、体のリズムの間には約1時間のズレがあるのです。

私たちの体は、その1時間のズレをうまく修正するために、毎朝太陽の光を浴びてリセットしている、という事実がわかっています。意識することはできませんが、日光を浴びることで自分の体内時計のサイクルを短くして、実際の時間の流れに合わせているのです。

ですから「起床後にカーテンを開けて日光を浴びる」「散歩をする」などの行動は、とてもよい生活習慣です。

反対に、朝の光を浴びるチャンスを逃すと、実際の時間の流れと体内時計との間のズレがどんどん広がり、「時差ボケ」のような不快な状態が続くことになってしまいます。つまり「夜更かしをしたために朝起きる時間が遅れる」ことは、気分が悪いだけではなく、脳や体にとってもよくないことなのです。

近年、さまざまな調査で、日本の子どもたちの夜寝る時間が遅くなっていることが指摘されています。たとえば「3歳児の半数以上が寝つく時刻は、夜10時以降」という報告もあります。それに伴い、昼寝も含めた総睡眠時間が減っていることも問題となっています。

睡眠時間が減ると、小学生でも感情をコントロールできなくなったり、問題処理能力がダウンしたり、血圧の上昇が生じることが明らかになっています。昔から言い伝えられてきたように、「早寝早起き」のリズムを整えていくことが、脳を育てることに直結します。

脳を育てるのに大事なもの④

運動

「運動が子どもの体によい」というのは、既にみなさんが納得していらっしゃる事実でしょう。運動は体の体幹（胴体）を鍛えたり、バランス感覚を養ったり、幼い体を丈夫にしたりしてくれます。また30分を超える有酸素運動では、成長ホルモン（31ページ）が出ることが明らかになっています。

特に幼少期は、家の中で遊ぶばかりではなく、公園などの野外で遊ぶ時間を大切にしたいものです。子育て期に「運動習慣を付けること」は、お子さんへの最高のプレゼントといえます。

しかし、運動のメリットは「子どもの体を育む」だけに留まりません。実は、脳を健やかに育んでくれる手段の1つでもあります。

「運動が脳育てにプラスに働いてくれる」というデータは、数多く存在します。たとえばハーバード大学医学部のジョン・J・レイティ博士は、「ニューロンの数を増やすためにもっとも効果が期待できるのは運動である」「ドーパミンやセロトニン、ノルアドレナリンなどの神経伝達物質の分泌をうながす効果も、運動にある」と、著作の中で繰り返し説いています。

他にも数多くの研究で、「有酸素運動トレーニングを行なうと記憶をつかさどる海馬が大きくなる」「継続的な運動が脳の認知能力を強化する」などの事実が明らかになっています。もちろん、運動をしてその日のうちにすぐ成績がアップする、ということはありません。けれども、運動のすぐあとに学習すれば、大きな効果が期待できます。

たとえば、大阪教育大学教育学部の宍戸隆之准教授による次のような実験があります。宍戸教授は、マラソンやなわとびなどの運動をしたあとの子どもたちに算数のテストを受けさせたのだそうです。

その結果、「運動をせずにテストに回答したとき」より、「運動したあとにテストに回答したとき」のほうが、計算スピードも正答率もアップしています。

また、運動中の心拍数が高い子ども、つまり「よく体を動かした子ども」のほうが、よりよい成績をおさめたという結果が出ています。

その理由は、今のところ「運動後に脳の血流が増えて、集中力も思考力も高くなるから」だと考えられています。つまり体を精いっぱい動かして遊ぶことは、脳を育てる近道の1つなのです。

安全な場所で、はだしで思いっきり遊ぶことができれば理想的

運動の効果をさらに高めてくれる方法についても触れておきましょう。それは「屋外ではだしで遊ぶ」という方法です。

現代は、車や電車、自転車などが普及し、さして歩かなくても快適に暮らせるようになっています。また多くの地域で都会化が進み、外遊びの機会も減っています。その結果、子どもたちが外で体を動かして遊ぶ機会が激減してしまい、「足の裏にあるはずの『土踏まず』がない子が増えている」ことがわかっています。

そもそも「土踏まず」とは、赤ちゃんの時期を終え、歩けるようになってから作られていくものです。けれども、「今の多くの子どもたちは、土踏まずが作られていないまま大きくなっていく」と専門家が指摘をしています。

もちろん土踏まずがないからといって、日常生活に大きな差し障りはありません。ただ、転びやすくなったり、転んだ拍子にうまくバランスをとることができず、ケガをしたりすることが多くなります。バランス感覚をよくするためにも、土踏まずは非常に重要です。ですから、幼少期からできるだけ歩いたり、走ったり、足の裏に刺激を与えることが大事なのです。

また「足は第二の心臓」とも呼ばれています。足の裏には無数のツボが存在しているため、そこを刺激すれば、全身の感覚器官や脳のさまざまな部位にアプローチができるからです。ツボの正式な名前や場所を個別に知らなくても、はだしで歩けば効率よく足の裏を刺激できることになります。ひいては、脳を活性化させ、脳を育んでいくことができるというわけです。

具体的には、「はだしになるエリア」をお子さんと話し合って決めて、その中にガラス片などの危険物が落ちていないか確認できれば理想的です。

また遊んだあと、足裏を拭くことを徹底すれば、感染症などにかかるリスクを下げることができます。

安全面から考えると、子どもには靴や靴下を履かせたくなるかもしれません。しかしはだしで遊ぶほうが、脳への格段に大きな刺激が期待できます。ですから家の中でもスリッパなどは履かず、はだしで過ごすことがおすすめです。

脳を育てるのに大事なもの⑤

遊び

子どもは遊びの天才です。大人がまったく気付かないようなことにも敏感に反応し、面白がり、繰り返し遊ぶことができます。そのような行動は、取るに足らないようなことに見えても、実は脳に大変よい影響を及ぼしています。

自分自身で「遊び」を見つけて没頭しているとき、子どもの脳が育っているといっても過言ではないでしょう。

だからといって、お子さんをおもちゃと一緒に1日中放置して、ひとりで遊ばせておいてもよいわけではありません。できればお母さんがそばにいて、ときどき声かけをしたり、一緒に遊んだりすると、望ましい環境になります。

遊びの「種類」についても考える必要があります。

子どもの遊びについては、基本的に「お金をかけすぎる」必要はないととらえてください。一例を挙げると、約30分以上「歩く」だけでも成長ホルモンが出てくれるので、自宅から少し足を伸ばして散歩をするだけでも、脳へ好影響を与えることができます。また「自転車に乗る」という遊びも、脳にさまざまな刺激を与えてくれます。自転車にうまく乗れない子どもが、乗れるようになる過程には、それまであまり使わなかった脳の働きが求められるので、「遊び」といえども、非常に高度な脳への働きかけだといえます。

いつでもどこでもすぐできる、まねっこゲームがおすすめ

お母さんと一緒に、いつでもどこでも楽しめる「遊び」についてもご紹介しておきましょう。それは「まねっこゲーム」です。「相手の動きのまねをする」というシンプルなルールですが、慣れていないうちは意外と難しいものです。

たとえば、大人になってから「見本を見てダンスの振り付けを覚える」というのは、趣味にしている人でもない限り、難しく感じられるはずです。つまり「相手の動きのまねをする」のは、脳を非常に使うのです。子どものうちにまねっこゲームをすると、「ボディ・イメージ」を育てることができます。

ボディ・イメージとは、自分の体についての知覚や、イメージのことです。生まれつき、完全な形で備わっているわけではなく、いろいろな経験によって、獲得し、自分の中で更新していくものです（病気やケガ、健康状態によってボディ・イメージが変化することもあります）。

大人になるまでの時期は、どんな子どももこのボディ・イメージをなるべく適正な方向で形成することが大切です。

ボディ・イメージが自分の中でうまく作られていると、体を思いどおりに動かしやすくなります。そのためにはお手本（サンプル）などを実際に見ながら、「相手の動きのまねをする」という遊びが非常に役立ってくれるのです。

そのような意味でいうと、幼いうちからバレエやダンスなどを習い事として取り入れることには大きな意味があります。それらはいずれも「相手の動きのまねをする」ことを高度に積み重ねていく運動であるからです。

とはいえ、習い事として取り入れることが難しいこともあるでしょう。

そのような場合、自宅でお母さんと「まねっこゲーム」を楽しむだけでも、大きな効果が期待できます。

具体的な方法としては「簡単な動き」のまねから始めることをおすすめします。

低年齢のうちは、ボディ・イメージがさして形成されていないこともあり、お母さんの動きの再現を難しく感じることもあるはずです。

特に多いのは「左右の動きが逆になる」という現象です。発達段階の脳が左右の動きを取り違えたり、認識できなかったりということはよくあります。

たとえば、文字を習い始めた時期の子どもが、左右を反転させて「鏡文字」を書くことは珍しくありません。それとよく似たことが起こっているのだ、と考えてください。「大人になってからも鏡文字のクセが抜けない」という人は、ほぼいないはずです。成長と共に、正しい方向へと直っていきます。

また、「まねっこゲーム」のときは、お母さんが子どもと向き合うのではなく、横に並んで動くのもよいでしょう。脳で「左右の動きを反転させる」というプロセスが1段階省かれるため、子どもはうんとまねしやすくなります。

またこのゲームでは「空間認識能力」も鍛えることができます。空間認識能力は、鍛えれば鍛えるほど、ケガをしにくくなったり、将来スポーツが得意になったりすると考えられます。学生になってから「図形」の勉強をするときなどにも必要です。幼いうちから積極的に養っていくことができれば、理想的です。

脳を育てるのに大事なもの⑥

お手伝い

男女を問わず、どんなお子さんにとっても「お手伝い」はとてもよいことです。お手伝いにはさまざまなメリットがあります。まず衣食住にまつわるさまざまな事柄を知り、実際に身に付けることができます。

また視覚や触覚、嗅覚など、自分の感覚をフル活用して作業をすることになるため、五感の発達をうながし、育てることができます。これが、「机の上で行なう勉強」と「お手伝い」との大きな違いといえるでしょう。

話を聞いていると「かえって時間がかかるから」という理由で、子どもには積極的にお手伝いをさせないお母さんも多いようです。たしかに子どもの年齢によっては、家事労働のサポートが実質的にできるわけではなく、「お手伝いの段取りや見守り」に時間をとられてしまうことがあるかもしれません。ですから「手伝ってもらわないほうが家事全体の効率がアップする」というお母さんの気持ちはよくわかります。しかし、お手伝いも脳を育てることに大きく貢献してくれます。子どもの脳を育てるため、「お手伝い」という楽しい時間を共有してみるのはどうでしょうか。

お手伝いで特におすすめしたいのは、台所仕事です。なかでも肉や魚など、リアルな素材を子どもに触ってもらうことです。子どもが低年齢の場合、「包丁でうまく切ること」を教える必要はまだないでしょう。

「大好きな鶏の唐揚げは、実は大きな1枚のもも肉から調理されている」などと知るだけでも、子どもにとっては大きな発見のはずです。

また「魚を三枚におろす」など高度な技術を体得させる必要もまだありません。できれば切り身ではなく、お頭付きの魚を買ってきて、一緒に体表のウロコを触ってみてください。「お魚さんのウロコはザラザラだねえ」などと会話を楽しむことができれば、脳への好影響ははかりしれません。

また、流しの汚れやヌメリを、わざと触らせる体験もよいでしょう。「未知のもの」に触ったとき、脳は驚き、興奮し、感動を覚え、活性化します。また「既に知っている感覚」の幅を広げることもできます。「五感を育てる」という試みは、脳を育てることにも直接つながっていきます。

脳を育てるのに大事なもの⑦

習い事

幼い時期から、子どもを多くの習い事に通わせている家庭は少なくありません。そんな他の家庭のお子さんを見て、あせるお母さんもいらっしゃるのではないでしょうか。これから「習い事」にまつわる事柄について考えてみましょう。

まず、習い事でも勉強でも、「楽しんで集中しているとき」しか、よい影響はない。脳が育つこともない。そうとらえてみてください。

「子どもが純粋に楽しんで取り組んでいるか」というものさしで見たとき、もしそうでないなら、やめたほうが正解かもしれません。たとえば「レッスンの時間になっても、さまざまな理由をつけて行きたがらない」「しぶしぶ取り組んでいる」「明らかに本人が『イヤだ』と言っている」などというときです。ハードスケジュールに追われ、疲れるだけになってしまいます。

反対に、毎日のように何らかの習い事に通っていて、周囲から「忙しそうねえ」などと心配されたとしても、本人がすべてを楽しんでいるようであれば、そのまま継続するのがよいでしょう。

ただし、子どもは「遊びの天才」であると同時に「飽きる天才」であることも忘れないでください。

未知の習い事の存在を知って「やってみたい！」「習わせて！」と意欲を見せていたとしても、次の日にはすっかり忘れていたり、興味を失っていたりすることは珍しくありません。好奇心旺盛なお子さんの場合、まったく違う習い事に関心が移っていることもあるでしょう。

ですから、新規に習い事を始めようか迷ったときは、「体験教室」「お試しレッスン」など、事前に体験できる機会を活用することをおすすめします。

そのようなチャンスがない場合は、お母さんが疑似的な機会を設定してあげるのも有効です。たとえば「ピアノを習いたい」とお子さんが望んでいるけれど、お試しレッスンを行なってくれる教室が見当たらない場合、キーボードを用意して、試し弾きをさせてみればよいのです。

このように、お子さんの興味の対象がコロコロと変わることは、ごく当たり前のことです。継続している習い事についても、定期的に見直してみましょう。

「脳育て」に効く習い事は、3つある

　子どもにおすすめしたい習い事として、代表的なものを3つ挙げておきましょう。もちろん、他にも素晴らしい習い事はありますが、「脳を育てることに、より効果的なもの」ととらえてください。

　1つ目は、「ピアノ」です。ピアノを演奏するときには、左右の手で違う動きをしなければいけません。これは脳の働きの中でも、とても高次な力を養うことができます。

　また、演奏の際には楽譜を見て少し先の小節（ブロック）を「先読み」することが必要です。同時に、少し先を「記憶」しながら、現在の小節にしたがって指を動かすことになります。「先読み」と「記憶」を並行して行なうという作業は、脳を効率よく鍛えてくれます。

　このように、ピアノを弾くときの能力は、脳を総合的に刺激し、発達をうながしてくれます。物事を論理的に考える力もつくとされています。他の学習に取り組んだときも、脳の力を発揮しやすいことがわかっています。技術が獲得できるだけでなく、脳を育てることもできる、おすすめの習い事です。

2つ目は「そろばん（珠算）」です。「読み上げられた数式を記憶しながら、そろばんの玉を弾いていく」という作業も、ピアノと同様に「記憶力」を鍛えてくれます。専門的な用語でいうと「ワーキングメモリー」を鍛えることになります。読み上げられる数式を聞き逃してはいけないため、集中力も養われます。

また多くのそろばん経験者は、そろばんがないときでも脳内にそろばんを思い浮かべて暗算をする、という事実がわかっています。これはイメージに関わるので、非常に有効な右脳のトレーニングになります。

3つ目は「器械体操」です。平衡感覚を鍛えることで、「小脳」という部位を刺激し、育てることになります。小脳は、言葉を操る力や触覚にも関連しています。「器械体操を続けることで、小脳が大きくなる」という報告もあります。

もちろんこれらの習い事はすべて、数か月間という単位で継続してこそ意味があるものです。少しずつでも、楽しみながら続けることを目指しましょう。

脳を育てるのに大事なもの⑧

英語学習

脳を育てる1つの手段として、語学学習に取り組むことは素晴らしいことです。語学を学ぶことを通して、言語をつかさどる脳の部位のシステムが築かれ、強化されていきます。もし機会があれば、できれば低年齢のうちから、習い事の1つとして英語を学ぶことをおすすめします。

英語は、学生時代はもちろん、仕事の内容によっては大人になってからも必要となります。幼少期から親しみ、苦手意識を取り去り、できれば「英語を操れるレベル」に達していれば、職業を選ぶ際にも選択肢はぐんと広がります。

実利的な面でも、幼少期から英語を学ぶメリットは大きいといえます。

英語学習を始める時期については、国内外でさまざまな実験や研究が行なわれています。それらのデータを見ると「英語を習得するなら、幼少期からのほうがよい」という結果が圧倒的に多く見受けられます。

一方で、「日本人が、第二言語として早期に英語を学ぶと、母語である日本語がおろそかになる」という意見もあるようです。

たしかに「母語である日本語の単語と、第二言語である英語の単語が、会話に混在する」という声も聞かれます。ただ、それは一時期のことで、ある一定の期間が過ぎると、日本語も英語も、どちらもうまく操れるようになるケースがほとんどです。英語習得にまつわるデメリットについては気にしすぎず、幼少期から英語にチャレンジしてほしいと思います。

そもそも、子どもは低年齢であるほど、英語の発音を身に付けることに長けています。英単語の「発音」や英文法の「考え方」などにクセがついていないからです。

たとえば大人（小学校高学年から中学生以降）になると、言語をつかさどる脳の部位「左脳」が発達しているため、新しい言語を学ぶとき、言葉を「文章」としてとらえようとします。だから英語を学ぶとき「文法」や「ルール」など理詰めで考えるようになり、英語のリズムを聞き取ることが難しくなるのです。

したがって、まだローマ字読みもできない段階の幼児のほうが、「カタカナ発音」に偏ることもなく、ネイティブに近い英語の話し方をマスターしやすいということになります。

また、乳幼児期の子どもは、ある程度の年齢に達した子どもに比べ、「音」に集中して言葉を全体的に把握できるという事実が明らかになっています。

かみ砕いて説明すると、幼い子どもは右脳が優位に機能しており、リズム感が身に付いていているため音に集中できるのです。

そのため、英語の意味がたとえわかっていなくても、「英語のリズム」を効率よく体得できるというわけです。

「英語のリズム」の代表例として、隣り合う単語の音がつながる現象があります。それは「liaison（リエゾン）」「linking（リンキング）」などと呼ばれます。

日本語の場合、単語は一語一語はっきりと区切ります。一方英語の場合、単語の最後と次の単語の頭の音をつなげて発音することがあります。そのため、ローマ字読みのいわゆる「カタカナ発音」では、ヒアリングもスピーキングも、まったくできないということになってしまうのです。ですから英語を学ぶ際には、幼少期から英語独自のリズムに触れ、身に付けることが大切です。

英語を学ぶことで、他人を理解したり、他の能力を伸ばしたりできる

さらにいうと、子どもの場合、幼ければ幼いほど「文化の違い」に抵抗がありません。「9歳以前の子どもは渡航先の文化に抵抗なく馴染(なじ)みやすい」という研究結果が報告されているほどです。

異文化の人たちに心理的なハードルがないからこそ、相手の文化や考え方を尊重し、仲よくなれるといえます。早くから英語に触れ、慣れ親しんでいれば、「世界中に違う文化がある」と理解することができます。また、どんな人ともうまくコミュニケーションがとれる大人になることが期待できるでしょう。

また、「英語学習に取り組むことが、他の科目の成績を向上させる可能性がある」と示唆する研究結果もあります。

お母さんがわが子の脳を、よりよく育てていきたいと望むとき、習い事の1つとして、幼少期から英語学習に挑戦することは、とても有効です。

ほめることのメリットとは

「子どもをほめること」の効用については、今まで多くの育児書で説かれてきました。しかし、ほめる回数が多すぎたり、ほめる内容の方向性が誤っていたりする場合、子どもの芽を摘むことにもなりかねません。

また意外に思われるかもしれませんが「子どもを叱ること」についても、やはり同じことがいえます。叱り方が適切でない場合、伸びていこうとする子どもの力を弱めてしまう危険性があります。「ほめること」と「叱ること」は、子育て期において重要ですが、いずれも諸刃(もろは)の剣なのです。

ここから、「ほめること」と「叱ること」、それぞれのメリット（長所）とデメリット（短所）を見ていきましょう。

最初は「ほめることのメリット」についてです。

ほめ方1つで、能力をどんどん伸ばすことができます。それは、「ほめられること」が、脳にとって最高の報酬（ごほうび）であるからです。

実際、ほめられる経験を豊富に積んできた子どもは、自信に満ちています。

反対に、そうでない子どもは、引っ込み思案であったり、自己肯定感が低かったり、どこか不安げな様子に見受けられることがあります。

子育て期において、「ほめる」ことは、基本的にはよいことであると認識をしておいてください。

ドーパミンを出すサイクルをあと押しするのが、お母さんの役目

人からほめられたとき、脳の中では快楽物質「ドーパミン」が多く分泌されます。すると、脳は強い気持ちよさを覚えて、「次もまたがんばろう」と意欲的になれるというわけです。この仕組みは、大人も子どもも同じです。

ただし大人の場合、この仕組みがわかっていると、たとえ他人からほめ言葉をかけられなくてもドーパミンの分泌をうながすことは可能です。

多くのビジネス書や自己啓発書では「目標を達成したとき『よくやった！』と自分で言いましょう」という旨のことが、説かれていることがあります。経験値の高

い大人の場合、「自分で自分をほめて、ドーパミンの分泌をうながし、次の意欲につなげること」が可能なのです。けれども残念ながら、幼い子どもにとって、そのような「自画自賛」のスタイルでドーパミンを出すのは難しいものです。そこで、周囲の大人がほめることが欠かせないわけです。

幼いうちは、どれだけ忙しくても、お母さんがお子さんの行動をよく見て、タイミングよく積極的にほめることが望ましいのです。もちろん、大人になるまでずっとほめ続けなければいけないわけではありません。

「目標設定後、ドーパミンが出始める→がんばる→目標をクリア→ほめ言葉をかけられることでさらにドーパミンが出る→また次の目標を設定する……」

このようなサイクルを何度か経験すると、脳はその流れをうまく記憶してくれるようになります。そして、たとえ他人からのほめ言葉がまったくなくても、自分で喜びをかみしめ、充実感を強く感じることで「ドーパミンを出すサイクル」をひとりで回せるようになっていきます。

ですからなるべく早い段階で、この「ドーパミンを出すサイクル」を体得させてあげられるように導いていきましょう。そのために必要なのは、お母さんの「共感」です。そもそも「がんばったね」「よくやれたね」などのほめ言葉の根底に流れているのは、「子どもへの共感」であるはずです。

言い換えると「私はあなたのがんばる姿をよく見ていたよ」「うまくできるようになるまで、あなたがとてもしんどかったことは、お母さんもよく知っているよ」というような「共感」の気持ちです。

もちろん、本当の意味で子どもに共感するためには、ある一定の期間、継続的に見守っていることが必要です。だから「たまに会うおじいちゃんやおばあちゃん」ではなく、常日頃から同じ時間を共有しているお母さんのほうが、子どもに共感しやすいはずなのです。「常にわが子を見守り、共感することができる」という強みをいかして、子どもの「ドーパミンを出すサイクル」を定着させていきましょう。

ほめることの最大のメリットは、このサイクルを定着させ、強化させることにこそあります。

意外な育児ポイント①

ほめることにもデメリットはある

ほめることにもデメリットがあります。最大のデメリットは、「ほめられることに慣れてしまう」ことです。

そもそも脳というのは、飽きっぽい性質をもっています。同じ状態に置かれると、感動を覚えなくなり、別のまったく違う刺激を求めるようになります。

ですから、お母さんがよかれと思って、毎日のように「同じ事柄」についてほめ続けた場合、最初のうちは飛び上がりそうなくらいにうれしく思っていても、数日にわたってほめられるうちに「お母さんが、また何か言っているなぁ」としか感じられなくなってしまうのです。

また、子どもをさして観察せず、決まり文句のようなほめ言葉をかけることも、おすすめできません。「何がよかったのか」を具体的にほめないと、子どもの心には響かないので、ドーパミンが出ることを期待することはできません。つまり子育て期において、ほめ言葉の「大安売り」は厳禁なのです。

郵便はがき

料金受取人払郵便

京都中央局
承認

6647

差出有効期間
2026年2月14日
まで

（切手は不要です）

601-8790

205

京都市南区西九条
北ノ内町十一

PHP研究所
暮らしデザイン普及部
お客様アンケート係 行

1060

ご住所 □□□-□□□□	
TEL：	
お名前	ご年齢 歳
メールアドレス	@

今後、PHPから各種ご案内やアンケートのお願いをお送りしてもよろしいでしょうか？ □NO
チェック無しの方はご了解頂いたと判断させて頂きます。あしからずご了承ください。

<個人情報の取り扱いについて>
ご記入頂いたアンケートは、商品の企画や各種ご案内に利用し、その目的以外の利用はいたしません。なお、頂いたご意見はパンフレット等に無記名にて掲載させて頂く場合もあります。この件のお問い合わせにつきましては下記までご連絡ください。（PHP研究所　暮らしデザイン普及部　TEL.075-681-8554　FAX.050-3606-4468）

PHPアンケートカード

PHP の商品をお求めいただきありがとうございます。
あなたの感想をぜひお聞かせください。

お買い上げいただいた本の題名は何ですか。

どこで購入されましたか。

ご購入された理由を教えてください。（複数回答可）

1 テーマ·内容 2 題名 3 作者 4 おすすめされた 5 表紙のデザイン
6 その他（ ）

ご購入いただいていかがでしたか。

1 とてもよかった 2 よかった 3 ふつう 4 よくなかった 5 残念だった

ご感想などをご自由にお書きください。

あなたが今、欲しいと思う本のテーマや題名を教えてください。

もちろんこの法則は、大人のお付き合いの世界には当てはまらないことでしょう。「ビジネスや社交の場では、相手のよいところを見つけて、先にほめるのがよい」などと説く専門家もいます。そのような大人のルールと、脳を育んでいる過程である子育て期のルールは異なる、ととらえておきましょう。

また「たまに会うおじいちゃんやおばあちゃん」についても、この法則は例外です。親族や知人など、子どもと接する頻度が少ない人の場合、「ほめられることに慣れてしまう」というリスクからは、遠いところにいます。

むしろ「たまに会った人から言われる言葉」には重みがあるものです。たとえば年に一度の帰省時に、おじいちゃんから「Aくんは、本当にやさしい子に育ってくれたね」などと言われた場合、Aくんはその言葉を何年間も記憶に留め、心の支えにするかもしれません。

また「ほめられること」が子どもの行動の目的になっているケースもときどき見受けられます。「ママのためにがんばる」という姿勢になっては、子どもの心は常に苦しくなってしまいます。「もしかしてほめすぎていないか」「ほめることで、わが子を傷つけていないか」振り返るクセをつけていきましょう。

叱ることのデメリットとは

「叱り方によっては、子どもの心に大きな弊害を与えることがある」

こんな説を見聞きされたことがある方もいらっしゃることでしょう。

「自己肯定感を損なってしまう」「消極的な子になってしまう」など……。

これらの説は、そのとおりです。では、いったいなぜなのか。ここでは脳のメカニズムから、わかりやすく解き明かしていきます。

子どもが叱られたとき、脳内で何が起こっているかご存じでしょうか。

論理的に叱られたわけではなく、「なぜ叱られたか」、その理由に納得ができていない場合、子どもは「こわい」「つらい」「お母さんとの関係がこじれてしまって悲しい」などマイナスの感情に支配されます。

そんなとき、「ノルアドレナリン」という脳内物質が分泌されます。ノルアドレナリンとは、恐怖や不安などの不快な感情を回避しようとする物質です。

ノルアドレナリンが出続けると、イライラするなど、感情をコントロールすることが難しくなります。そのような状態では冷静に判断をすることはとてもできないですし、遊びや勉強などに落ち着いて取り組むことが困難になってしまいます。ですから子育て期においては、「子どもにノルアドレナリンを出させないこと」を第一の目標にできれば理想的です。

同じ脳内物質であれば、ノルアドレナリンよりも、幸福感をつかさどる「ドーパミン」が出る方向に導いていきたいものです。ドーパミンは「やる気スイッチ」でもあるため、次の積極的な行動へと意識が向きやすいからです。

わかりやすくいうと「叱られて悲しい」と子どもの感情をマイナスの方向にゆさぶるのではなく、「次からはここに注意すればいいのだ」「今回は、ルールを破ってしまったけれども、またがんばればいい」と前向きにとらえさせることが重要です。

ノルアドレナリンという物質をたびたび出していると、脳はそれを覚え、「恐怖回避型」の考え方をするようになっていきます。つまり「楽しみに目を向ける」というより「お母さんに怒られないように過ごしたい」という気持ちが強くなりすぎてしまいます。その結果、大人の顔色を常にうかがうようになり、「無表情」「無気力」「無感動」に陥っていくという報告もあります。これらの状態は「下手に行動すると怒られて、お母さんとの関係が悪化するから、動くことをやめよう」という心の動きの表れです。

このような子どもを「大人の言うことを、何でも受け入れて、よくしたがってくれる〝よい子〟」ととらえないよう、注意してください。

幼い頃にやる気をそがれて無気力な状態になりがちだった子どもの場合、大人になっても「無気力」な状態が続きやすい、という報告があります。

たとえば、成人して働くようになったとき、「誰かを喜ばせたい」という前向きなモチベーションで働くのではなく、「上司から怒られないように、無難にあたり障りなく仕事をしよう」という思考回路になりやすいのです。

「～しないように」という恐怖回避型の脳で仕事をしていては、いい結果を残すことは望みにくいでしょう。当然のことですが「難しいことにチャレンジしよう」という気持ちになかなかなりにくいからです。

もちろん、この教訓は学生時代の勉強においても当てはまります。

昔型の「叱る」は恐怖回避型を生み出す叱り方

ここで思い出してほしいのが、〝昔型〟の叱り方です。

感情的に「叱る」。

怒鳴り声や罵声を浴びせて「叱る」。

体罰を加えて「叱る」。

これらはいずれも「恐怖感をあおり、言うことを聞かせる」という方法です。したがって、子どもの脳に多量のノルアドレナリンを出させてしまいます。もしかすると「昔のしつけの方法は、現代では通用しない」と直感的にとらえていた方がいらっしゃるかもしれません。それだけではなく、ぜひ科学的な観点からも昔型の「叱り方」の欠点について理解をしておいてください。

脳科学的にいうと、ノルアドレナリンを出しすぎてよいことは何もありません。このような脳内物質の働きこそ、「自己肯定感を損なってしまう」「消極的な子になってしまう」原因です。大人についてもいえることですが、「ノルアドレナリン」という脳内物質の弊害について知っておいてください。

意外な育児ポイント②

叱ることにもメリットはある

正しく叱ることには、当然ながら大きなメリットがあります。

善悪の判断がつくようになったり、人の気持ちがわかるようになったり、自分で考える習慣が付くようになったりします。ですから、正しく叱ることは重要です。

ただ、正しく「叱る」ことができていないお母さんが多いことが、とても気になります。一言でいうと「叱る」のではなく「怒る」だけのお母さんも非常に多いのです。「叱る」という行為は、重要なしつけの1つです。お子さんに「善悪」を教え、人の気持ちを察することをうながす、親の大事な務めです。

一方、「怒る」という行為は、自分のマイナスの感情を爆発させることでしかありません。お子さんを導いたり、よい方向に育つようにうながしたりする効果はありません。

たとえば公園やお子さんが大勢集まる施設などで、子ども同士のけんかが始まったとき、わが子が誰かを泣かせてしまったようなとき、大きな声で「怒る」お母さんを見かけたことはありませんか。子ども同士のけんかであるはずなのに、その理由を聞こうともせず、「相手を泣かせてしまった」ことで、一方的にわが子を責めるという流れは、決して望ましくありません。

もちろん、相手を泣かせてしまった負い目から、他のお母さんたちの手前「とりあえず、加害者側であるわが子を責めておく」という気持ちになるのはよくわかります。しかしそれでは、「なぜ相手を泣かせてしまったのか」子どもはずっとわからないまま、「ものを取り合う」「言葉より先に手を出す」といった困った行動を、ずっと繰り返すことになります。

適切な叱り方については、このあとご説明していきます（66・80ページ）。

感情的な「怒る」ではなく「叱る」という正しいしつけを続けることができたなら、のちにお子さんが問題ある行動をとりそうになったとき、「相手をたたいたら、相手が悲しむことになるかもしれない」とひとりで論理的に考えられるようになることでしょう。「叱る」ことの究極のメリットは、善悪にまつわる判断力を獲得できることともいえます。

ほめるときの基準とは

ほめるときの基準は、シンプルです。

「過去の本人より、少しでも成長が認められたとき」を、ほめるかどうかの指標としてください。

たとえば「昨日よりも着替える時間が短くなった」「今まで食べられなかった食材を、なんとか食べられるようになった」「いつもはうながされてイヤイヤ取りかかっていた片付けを、自分の意志でできるようになった」などです。つまり「過去の本人に比べて、どうか」という視点で判断すればよいのです。

重要なのは、決して他人と比べて評価を下すべきではないということです。

具体的にいうと「お友だちよりも速く走れた」「△△ちゃんよりも大きな声でうまく歌えた」「お兄ちゃんよりも鉄棒がうまくなってすごい」など……。

このように他人と比較したほめ方をしてしまうと、もし立場が逆転したとき、本人がとてもつらい感情を抱くことになってしまいます。また「常に他人と比べる」

という望ましくないクセがついてしまいがちです。

ですから、ほめるときの基準は常に「過去の本人」がよいのです。すると子どものがんばりや成長をきちんと認めてあげられることになります。

子どもにとっても「自分自身のがんばりを持続的に観察してもらえている」と感じることができれば、より大きく確かな安心感を得ることができます。

もちろん低年齢のうちは、「昨日よりも著しい成長」が認められることは、そうそうないかもしれません。

「1ミリでも何かがよい方向へ向かっていれば、それは進歩である」

そんなふうにとらえて、子どもの言動を観察するようにしてみましょう。

極端な例でいうと「今朝は、自分ひとりで起きることができてえらいね」というほめ方でもよいのです。

脳は「何かをいつもより少しがんばって、目標達成をした瞬間に、ドーパミンがもっとも出やすい」と報告されています。生活の中で子どもが「何をがんばればよいのか」「何に取り組めばよいのか」、気持ちを共有したり、さりげなく確認したりしておければ理想的です。

叱るときの基準とは

「ほめるときの基準」と同様に、叱るときにも基準があります。

「子育て期においては、叱ることで脳の成長を妨げることは極力避けたい」

そんな思いから、叱ったほうがよいのは「危険なとき」「迷惑なとき」「ウソをついたとき」「(自分自身を含め) 人を傷つけたとき」。まずは、これらの4つのシーンだけでよいと考えています。

これらの過ちを引き起こしそうな成長段階にさしかかったら、それぞれのシーンについて、「なぜダメなのか (なぜ叱られるのか)」という理由を、親子で共有したいものです。なぜなら、子どもは「一度も経験したことがないこと」については、理解をすることがなかなか難しいからです。

たとえば大人の場合、相手に不快感を抱いていたとしても「たたいてはいけない」という社会的なルールを理解しています。けれども、経験値の少ない子どもの場合、相手を「たたいてはいけない」というルールは、まったく未知のもので、

「なぜダメなのか」を理解するのに時間がかかることもあります。

したがって、これらのルールをなるべく論理的に教え、親子間で共有しておくことが重要になってきます。

そして、「ルールを知っているのに、ルールを破ってしまったときは、叱る」という原則にしておくとよいでしょう。

また子どもが年齢を重ねて活動する世界が広がるにつれ、「4つのシーン」に関連する細かいルールを決めることも重要になってきます。

たとえば家族でレストランに行ったとき、「静かにしてね！」と一方的に命じたり、「お母さんが恥ずかしいから、あなたは黙っているのよ」などと言ったりしても、本質的に大事なことは伝わりません。

「大勢の人が食事を楽しんでいるところで、あなたが大きな声を出したら、みんなはどう思うかしら？」とまずは問いかけてみましょう。そして「多くの人に迷惑をかけることになるね」と「ダメな理由」をかみ砕いて説明をしてみましょう。理由がわかって納得すれば、子どもの行動は劇的に変わります。叱る回数も、ぐんと減るはずです。

第1章 まとめ

お母さんに必要な心構え

★子どもは、自分で考えて行動するひとりの人間であり、お母さんにとっては「他者」である。

★子どもの脳を、どんなときでもできるだけ「快」の状態にすることが、お母さんの役割。

★本来、適正に「ほめること」は脳にとって最高のごほうびである。

ほめること・叱ること

★**ほめることのメリット**➡脳の快楽物質「ドーパミン」を出すサイクルを、定着させることができる。

★**ほめることのデメリット**➡「ほめられること」に慣れてしまい、ドーパミンの効用が得られにくくなる。

★**ほめるときの基準**➡過去の本人と比べて、少しでも成長が認められたとき。

★**叱ることのメリット**➡物事の善悪を自分で判断できるようになる。

★**叱ることのデメリット**➡ノルアドレナリンという脳内物質が出て、感情をコントロールしにくくなったり、お母さんの顔色をうかがうことが増えたりする。

★**叱るときの基準**➡危険なとき、迷惑なとき、ウソをついたとき、(自分自身を含め)人を傷つけたとき。

第2章

子育ては脳育て

脳は幼児期に大人の脳の9割まで大きくなる

子どもの脳と、大人の脳。その大きさはどれほど違うか、ご存じでしょうか。

生まれたての赤ちゃんの脳の重さは、体重の約10％で、約３８０ g。

大人の脳の重さは、体重の約２・５％で、約１・４ kg。

つまり、赤ちゃんの脳は大人の約４分の１の重さしかない、ということになります。

とはいえ注目してほしいのは「脳が体重に占める割合の大きさ」です。赤ちゃんのほうが、大人よりも相当な大きさを占めることになります。

赤ちゃんの脳は小さくても、他の臓器より完成度がはるかに高いことが知られています。実は、形態や細胞の数までも、大人とほぼ同じなのです。「ほぼ完成形に近い」といってもよいでしょう。これは驚くべき事実ではないでしょうか。

もちろん、だからといって、赤ちゃんが脳を使いこなし、高度な運動や勉強などの活動を営めるわけではありません。

神経細胞（ニューロン）が脳に存在していても、神経細胞同士のつながり（シナプス）がまだまだ未発達だからです。神経細胞は単独で存在しているだけでなく、つながって初めてうまく機能し始めます。

これらのつながりを根気強く、よりよく育てていくことこそ、お母さんの役割だともいえるのです。

脳の重さの変化を見てみましょう。生まれたては約３８０gだった脳も、年齢を経るごとにどんどん大きくなっていきます。生後6か月で７００g、１歳で８００g、２歳で１kg、３歳で１・２kg、５歳で１・25kg……。

このように、５歳になる頃には大人の約90％にまで大きくなります。そのため脳が完成形に近づく「5歳までの時期」は、非常に大事といえるのです。もちろんその時期を超えても、お母さんが脳に働きかけ、あたたかく接して愛情を注いでいくことはとても重要です。

刺激を受けて、赤ちゃんの脳は育っていく

赤ちゃんの脳と大人の脳が決定的に異なるのは、前項でも述べたように「神経細胞同士のつながり（シナプス）がまだまだ未発達である」という点です。

脳は「神経細胞」で構成されています。その数は大脳で数百億個、小脳で千億個、脳全体では千数百億個といわれています。1つの神経細胞が、別の神経細胞にうまく情報を伝えるためには、そのつながり「シナプス」を増やしていかなければなりません。

シナプスは、遺伝的な要因でも増えていきますが、環境的な外的要因で与えられる刺激によっても、増やすことができます。いったいどうすればよりよい刺激を与えることができるのか、お話ししていきましょう。

シナプスを増やしていくために、まず赤ちゃんの「五感を刺激してあげること」が大事です。五感とは、視覚、聴覚、嗅覚、味覚、触覚を指します。

赤ちゃんはお母さんのお腹にいる時期から、ある程度まで五感を発達させていま

ます。

す。けれども誕生後も積極的に刺激を受けて、五感を一層育てていく必要があります。

とはいえ、「早期からピアノの英才教育を」などと、特別な取り組みをする必要はありません。赤ちゃんにとっては、すべてが初めての経験です。日常の中で、さまざまなものを見せてあげたり、いろいろな音を聞かせたり、さまざまな匂いを嗅がせたり、危険のない範囲でものに触らせたり、食べさせたりしてあげましょう。

さらにいうと、これらの「刺激」は繰り返し、楽しく与えることが重要です。耳が痛くなるような大音量の音楽を聞かせたり、大人が「おいしい」と思うような濃い味付けのメニューを与えたりするのは、逆効果です。

総合的に考えると、普段の暮らしを規則正しくして、楽しい気分で過ごせるよう配慮してあげればよいのです。朝は日光を浴びて、家族にやさしく語りかけてもらい、お散歩では自然の草花に実際に触れて、その時期に応じた食事（おっぱい）を存分にとり、周囲と十分に遊んでもらい、夜はぐっすり睡眠をとる。

ともすれば単調に思えてしまう〝日常〟ですが、意識的にしっかり繰り返すことで、シナプスを増やして神経細胞を効率よくつなげていくことができます。

脳の仕組みを知ろう

脳は大きく分けて、「大脳」「小脳」「脳幹」の3つの部位があります。

小脳は運動調節機能を、脳幹は呼吸などの生命活動の基本となる働き、さらに脳と体を中継する役割をもっています。

大脳はさらに脳の表面部分で情報処理や思考、記憶などの知的な働きをする大脳新皮質、脳の深部にある感情や本能的な活動をつかさどる大脳辺縁系などに分かれ、それぞれが重要な役割を担っています。

ここではおもに大脳新皮質について見ていきましょう。

◆**脳を育てる五感**

視覚…妊娠7か月頃には胎児は目からの信号を認識しています。ただし、視力の発達には時間がかかります。色彩を見分けるまでには数か月かかり、2歳頃で0.6程度の視力しかありません。9歳頃には完全な視力を得られます。

聴覚…妊娠7か月頃から大きな音なら認識することができ、お母さんの声は生まれてすぐでも判別することができます。

嗅覚…胎児は子宮の中で匂いを感じとっており、生まれたときからお母さんの匂いをかぎ分けることができます。また嗅覚は記憶や感情と密接に関わっています。

味覚…妊娠7週頃で胎児は辛い、酸っぱい、甘い、苦いを感じとっています。将来的な味覚は妊娠期間や授乳期間の母親の食生活が影響するといわれています。

触覚…妊娠10週頃には皮膚に神経細胞ができ、妊娠4か月頃には触覚を認識できるようになります。

◆ 人間らしい感情をつかさどる前頭前野

前頭前野は、感情のコントロールや論理的な思考、将来の予測、行動計画など「人間らしさ」に関わる機能をつかさどっています。脳の他の部位に比べてゆっくりと発達していき、10代に入っても成長を続けます。思いやりの気持ちや思考力などが人生経験と共に発達し、身に付いていきます。

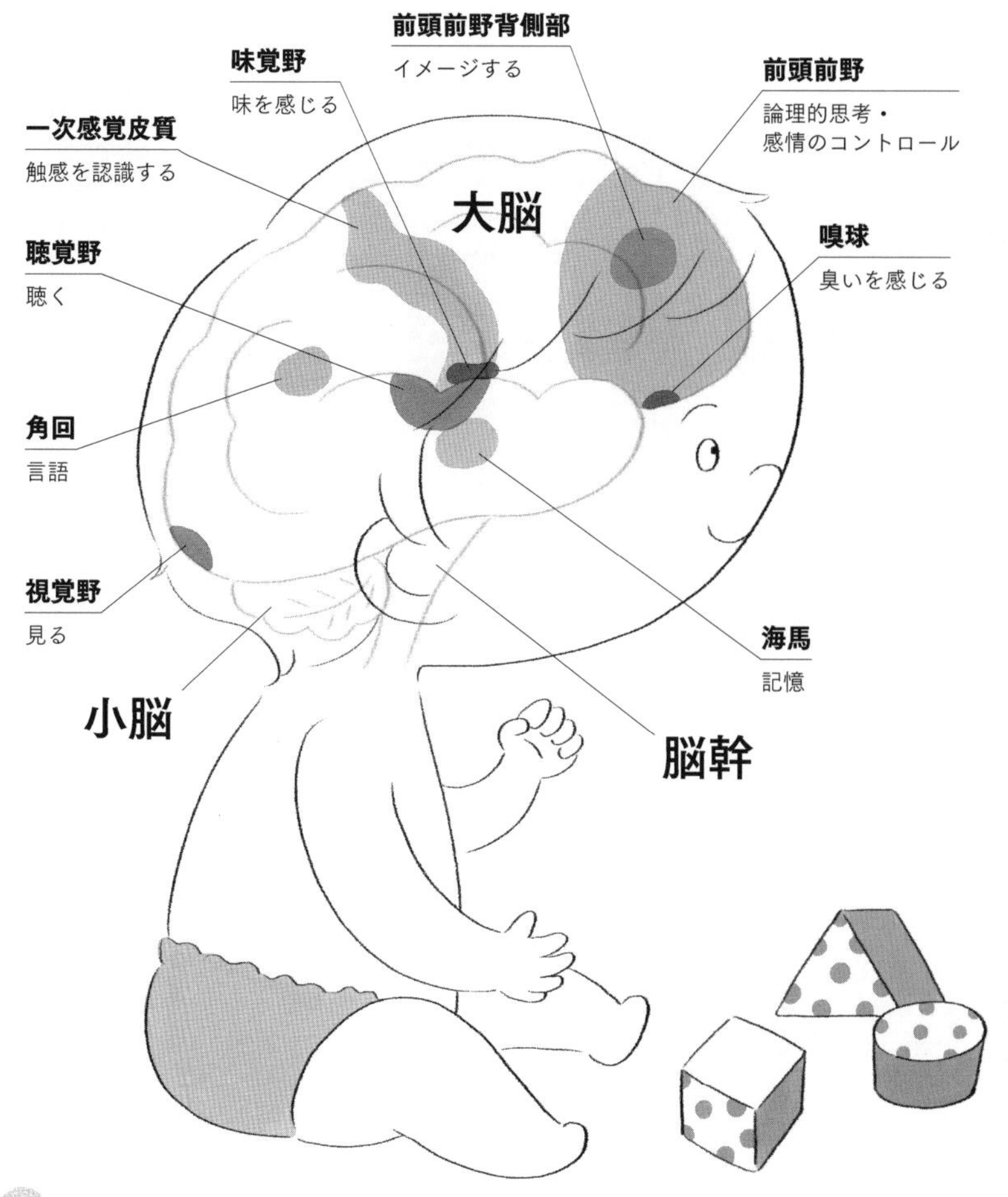

赤ちゃんの脳内で〝ビッグバン〟が起こる？

脳の神経細胞と神経細胞を結び付けてくれる接続部位、「シナプス」。その増え方には特徴があります。

赤ちゃんは、外部から刺激を受けることで、シナプスを勢いよく増やしていきます。しかし、シナプスは永遠に増え続けるわけではありません。興味深い話ですが、シナプスの増加は視覚・聴覚に関わる領域では生後4か月、言語に関わる領域では生後8か月の時点でピークを迎え、その後は「整理整頓」する方向へとシフトしていきます。

「整理整頓」とは、つまりシナプスを少しずつ増やしながらも、それ以上に大量に「刈り込んでいく」という現象を指します。

わかりやすくいうと、脳は「よく使われる回路」のシナプスと、そうではない回路を自動的に見極め、「よく使われる回路」を残し、不要なものを消滅させていくのです。

とはいえ、必要な回路まで失われていくことはありません。つまり、それまで「必要ではないシナプスが作られすぎていた」ので、適正なものだけに〝絞っていく〟というイメージです。

そのようにシナプスの数を刈り込むことで、脳全体の効率化をはかり、その機能をアップさせ、情報伝達をよりスピーディにさせることができるというわけです。脳内の機能を〝少数精鋭〟に絞り込み、フル活用させていく、とも表現できるでしょう。

当然のことですが、シナプスの増減のリズムは、赤ちゃんの成長過程と見事に一致しています。お座りやハイハイ、つかまり立ちをしたり、歩き始めたりする時期は、知覚や運動機能が育ちます。寝てばかりいた赤ちゃんにとってもっとも大きな動きを獲得していく時期と、シナプスが急激に増加する時期は同じなのです。

ストレスが赤ちゃんの脳の発育を妨げる

たとえ、どんなに健やかな状態で生まれてきた丈夫な赤ちゃんであっても、育てられる過程で過度なストレスにさらされたとき、その学習能力が阻害されることがわかっています。わかりやすくいうと、赤ちゃんに大きなストレスをかけてしまうと、脳の発育が妨げられてしまうということです。ですから周囲の大人は、できる限りストレッサー（ストレスのもと）を取り除き、赤ちゃんの状態を「不快」から「快」へと少しでも好転させていくべきです。

このお話をすると「過保護になりはしませんか？」という質問をいただくことがあります。しかしこれは、まだ歩いたり走ったり、自分の意志での行動が難しい段階の赤ちゃんについての話です。

たとえば、まだ歩けない状態の赤ちゃんを、夏場の車内に置き去りにして、数時間放置したとしたらどうでしょう。赤ちゃんの命は途端に危険にさらされることになります。少しおおげさなたとえに聞こえるかもしれませんが、赤ちゃんの脳をよりよく育てていきたいならば、「ストレスを取り除かないことには、それほど大きなリスクがある」と、重くとらえておいてください。

専門的なお話もしておきましょう。カナダの生理学者ハンス・セリエ博士は、1936年に「ストレス学説」を発表し「ストレッサー」を次の4つに分類しました。①物理的ストレッサー（暑さ、寒さ、騒音など）②化学的ストレッサー（薬物、化学物質など）③生物的ストレッサー（細菌やウイルスなどの感染）④心理的ストレッサー（緊張、不安、心配、怒り、悲しみなどの感情）。

人は、これらのストレッサーにさらされると、その刺激に対応しようとしたり、避けようとしたりして、心身や脳に余計な負荷をかけていきます。ストレス回避のために多大な労力を使っていては、健やかに成長していく方向にまで労力を回すことができません。特に気をつけたいのは④心理的ストレッサーです。ささいなことに思えるかもしれませんが、赤ちゃんにはできるだけ笑顔で明るく接してあげましょう。お母さんのやさしさに触れることで、赤ちゃんのストレスは軽くなり、脳の成長がうながされていきます。

叱るときの3つのポイント

「叱らなければいけない」と思ったとき、お母さんの脳は興奮し、多くの脳内物質を分泌し始めます。普段から「うまく叱らなくては」とわきまえていても、わが子にありのままの感情をぶつけてしまう結果に……。

冷静さを取り戻すために、叱る前にはぜひ深呼吸をしてみてください。大きく息を吸い込むことで、気分を落ち着かせる効果も期待できます。

また、叱るときに重要なことについてもお話ししておきましょう。

1つ目は「誰もいないところで叱る」ということ。

大人だって、「叱られている場面」を誰かに見られるのは恥ずかしいことですよね。小さいお子さんも同じです。叱られている内容よりも「叱られているところを○○ちゃんに見られてしまった」という恥ずかしさばかりが心に刻まれてしまい、行動を改善するどころではなくなってしまいます。子どもの脳は「そのときいちばん強烈なこと」しか覚えることができないのです。いったん移動してでも「誰にも見られていないところ」で叱るようにしてあげましょう。

２つ目は「端的に叱る」ということ。お母さんが興奮しているときは、論理的に話すことが難しくなりがちです。「△△を、□□のときにしたら、○○ちゃんはどう思う？」など、子どもに具体的にイメージをさせて、「いけないことをしてしまった」と気付かせることができればベストです。

「また〝こんなこと〟をして！」「〝それ〟はダメだって言ったでしょ！」

このように「こそあど言葉（「これ」「あれ」「それ」「どれ」など）」を投げかけても、子どもの脳ではビジュアルが形成されにくく、反省をうながすことが難しくなってしまいます。

３つ目は「叱ったあとに『わかった？』と確認をしない」ことです。どんな子どもでも「わかった」と、ついオウム返しをしてしまうもの。「じゃあ、何がわかったの？」とクイズ形式にして、子どもの考える力を養いましょう。

ほめるときの4つのポイント

ほめるときに重要なことの1つ目は「すかさずほめる」ということ。
子どもは「短期記憶（比較的短い間しかキープされない記憶）」のほうが優位で、脳の記憶の容量がとても少なくできています。つまり、ほめるタイミングが遅くなると「いったい何についてほめられているのか」思い出せなくなってしまうことがあるのです。「そういえば昨日の夜、自分からお手伝いをしてくれてありがとう」などとお母さんに言われても、実感が薄くなっているので、ドーパミンが出にくくなってしまいます。

2つ目は「フェーストゥフェースでほめる」ということ。他のことをしながら、顔も見ずにほめても、子どもの心にはあまり響きません。子どもは敏感ですから「お母さんは今忙しくて、本当は僕のことどころではないな」と見抜いてしまいます。子どもとしっかり向き合い、目を見てほめてあげましょう。

さらにそのとき効果的なのは、「よくがんばった！」と言いながらギュッとハグしてあげたり、「やったね！」とハイタッチをしたりすることです。体が触れることで、子どもの脳には癒しのホルモン「オキシトシン」などが分泌され、心が満たされていきます。親子間で「うれしさを共有するアクション」を決めておくことができれば最高です。

３つ目は「高い声でほめる」ということ。「低い声よりも高い声のほうが相手に心地よい印象を与える」ということが明らかになってきています。子どもの場合、特にそう感じる傾向が強くなります。「低い声＝怒っている、こわい」「高い声＝好意的、楽しそう」というイメージは、たしかに大人でも抱いたことがあるはず。「普段とは違う感じ」を〝演出〟するためにも、ワントーン声を高くしてほめてあげましょう。

４つ目は「叱るとき」と同じ原則ですが「端的にほめる」ということ。「何がよかったのか」具体的に伝われば、子どもは再びがんばることができます。

「あなただけ」の特別感が心を穏やかにする

子どもにとって、ストレスが脳の発育を妨げることは、前述のとおりです（78ページ）。反対に、心が満たされ、穏やかになると学習効果は高まりやすくなります。ではいったいどうすれば、子どもの心を穏やかな方向へ導いていけるのか、考えてみましょう。もっとも確実な〝近道〟は、子どもに特別感を味わってもらうことです。

人は誰でも、相手に「特別感」をもって接してもらえることに、喜びを感じます。少し想像をしてみてください。「あなただけに、特別だよ」とギフトをもらったり、「あなただから話せたのよ」と言われたりしたとき、たとえそれが「社交辞令かもしれない」と思っても、悪い気はしないものでしょう。そんな心理は、幼い子どもだって同じです。

たとえば「○○ちゃんと、お母さんだけの内緒だよ」などと声かけをしたり、2人だけでお出かけや食事をしたりすることでも、子どもに大きな喜びを与え、その心を穏やかにすることができます。

「最近忙しくて、わが子とコミュニケーションが密にとれていない」と感じるときや、「悪いことをしたわが子を叱った翌日」など、このような言い回しを使って、時間を共有してみてください。

特におすすめしたいのが、きょうだいが新しく生まれたときです。余裕ができたときでかまいません、上のお子さんと2人で過ごす時間を意識的にとって、コミュニケーションをはかるようにしてみましょう。下のお子さんの出現に、上のお子さんは少なからず心を乱されているものです。ですから、次のように特別感を伝えてあげてください。

「新しくきた赤ちゃんも、あなたも、お母さんの大事な宝物だよ。でも、あなたに注ぐ愛情は、まったく違う形をしている〝特別なもの〟だからね」

このときに、2人でお菓子を食べるなど「秘密の行為」を共有できると、理想的です。また子どもを膝に載せながら話をすると、その脳から「オキシトシン」「セロトニン」など安らぎをつかさどるホルモンが出て、子どもはより幸せを感じるはずです。

第2章 まとめ

わが子の乳児期に、お母さんができること

★赤ちゃんの脳には、大人とほぼ同じ数の神経細胞（ニューロン）があるが、つながりがないためほとんど機能していない。よい刺激を与えて、つながり（シナプス）を育てていくのが、周囲の大人の役割。

★丈夫に生まれてきた赤ちゃんも、ストレス過多の環境にいると、脳の発育が阻まれてしまう。過剰なストレスは取り除いていくことが重要。

★お母さんが微笑み、明るい声をかけるだけでも、赤ちゃんは幸せを感じ、ストレスは軽減する。

叱り方＆ほめ方のポイント

★叱るときは、深呼吸をして冷静さを取り戻してから、論理的に叱る。誰もいないところで、端的に叱る。

★感情まかせの下手な叱り方は、子どもにストレスを与えて、学習効果を下げるだけ。

★ほめるときは、即座にすかさずほめる。向き合って、目を見て、感情をこめて端的にほめる。おおげさに思えるくらいのテンションで、ちょうどいい。

第3章

こんなときどうしたらいい？〈ほめ方・叱り方事例25〉

CASE 1

言葉を発したとき

「あー」「うー」という喃語の時期を終えて、言葉らしきものを発語できるようになったとき、親や周りの大人は、「ママ」「パパ」など、言葉のバリエーションが１つ１つ増えるたびに、大盛り上がりになることも。けれども、そんな単純な反応で本当によいのか、少し心配。どんなリアクションをすれば、子どもはより多くの言葉を覚えてくれるのか。そして、文章を話す段階へとうまく導くことができるのか……？

NG（以前と同じ言葉を言っているのに）〇〇って言えたね

子どもは、いったん言えるようになった単語を繰り返し発語します。また周囲にも、得意げに言葉を投げかけてくれます。お母さんが大喜びをするのは当然です。しかし理想は「少しがんばればできるライン」を超えたときにほめること。同じ言葉を言っているのに、おおげさにほめ続けると逆効果になることもあります。

OK 〇〇って言えたね。じゃあ、あれは何？

お母さんの役割は、子どもの興味の幅をさらに広げ、好奇心の芽を伸ばすこと。欲張りなように聞こえるかもしれませんが、「１つできるようになれば、さらにもう１つできるようにうながす」という姿勢が大事です。言葉を習得する時期も同じです。１つの言葉を発語できるようになったら、うんとほめる。そして、さらに新しい言葉を覚えられるよう、働きかけてあげてください。子どもの脳は新しいことを好むので、働きかけ次第で言葉をぐんぐん吸収していきます。

CASE 2

何か（おもちゃなど）を見せにきたとき

子どもはいつでも好奇心旺盛。毎日が発見の連続で、ささいなことでも大興奮。外に出ただけで「あれを見て！」「これは何？」とはしゃぎっぱなし。もちろん、そんな声に「丁寧に答えること」が大事なのだろうと、頭ではわかっていても、疲れているときや忙しいときは難しい。ましてや、珍しくもないいつものおもちゃを「見て見て～！」と持ってこられても「反応に困ってしまう」というのが本音。

NG （気持ちをこめずに言葉だけ）すごいね！

幼い子どもにとっては、お母さんが〝世界のすべて〟。お母さんに常に注目され、できればほめ言葉をかけてほしいと願っているものです。とはいえ感情がこもっていないほめ言葉には、子どもも物足りなさを感じます。またほめ言葉に慣れすぎるとドーパミンが出なくなり、やる気も起こらなくなります。

OK （これは何？　どうしたの？　どこで見つけたの？　などと聞いてから）すごいね！

何かをほめるときには、「〇〇だから、すごい」という理由をつけることが大事です。子どもが「おもちゃを持ってきてくれた」というようなささいなことでも、理由をつけてほめるべき。でも「おもちゃをもってきた＝すごい」というだけでは、子どもも飽きてしまいます。何をほめればよいのか、「ほめポイント」を探してみてください。もし見つからなければ、お子さんから情報を引き出して、「それはすごいね」と具体的にほめてあげましょう。

CASE 3

「トイレ」と自分で言えたとき

子どもの欲求は、ところかまわず訪れるもの。オムツに頼りきりの時期であればともかく、パンツに移行した途端、子どもの尿意、便意に振り回されっぱなしに。電車やバスの中などの「移動中」や、初めて訪れるエリアでは、最寄りのトイレを尋ね歩き、無事探し当ててたどりつくまでにハラハラさせられることも。そんな時期に「ママ、トイレに行きたい！」と、早めに言えるようになったとしたら……。

NG 「トイレ」ってちゃんと言えて、えらいね

このほめ方は「トイレと言えた結果」だけにフォーカスしていることになります。ほめ方全般に共通していえますが、「結果」だけに注目してほめていると「失敗したらほめられなくなる」と子どもが不安になってしまいます。すると、ほめられたいあまり、闇雲に「トイレに行きたい」と言うようにもなりかねません。

OK トイレに行くタイミングを覚えたんだね

トイレトレーニングは用が足せるかどうかにかかわらず、起床時、食事の前後、出かける前、寝る前などの生活の区切りに声かけを行ない、トイレに行って座る時間がきたことを知らせることから始めます。トイレで用が足せたときはほめてあげてください。子どもが自分から「トイレ」と言えたときは、子ども自身がトイレに行くタイミングを理解できた証拠。そのことをきちんとほめてあげましょう。事前にトイレに行く習慣をつけると、お母さんの対応もぐんとラクになりますね。

CASE 4

朝、ひとりで起きられたとき

朝が苦手で、起きてこられなかったわが子。頭や顔をゆさぶっても起きられず、「調子が悪いのかな」と心配になったこともある。無理やり起こすと、不機嫌になって怒りだすから、親子げんかに発展……。そんな時期を乗り越えて、起きられるようになったとき。いったいどのようにほめればいいものか。「朝にひとりで起きること」なんて当たり前の習慣だから、よくわからない。

NG やっと起きられるようになったね

ほめるときは、ネガティブに受け取られかねない言葉は使わないことが理想的です。「やっと起きられた」という言葉かけの場合、ほめているつもりでも、嫌味なニュアンスが漂ってしまいます。幼い子どもでも「裏メッセージ」を敏感に察知してしまうと、「次へのやる気」が下がりかねません。

OK ひとりで起きられたね。明日もきっと、大丈夫だよ

人は「成功体験」をいったん味わうと、次の挑戦の場面でも、再びよい結果を出しやすくなります。ドーパミンが脳で分泌され「また（ドーパミンを出して）心地よくなりたい」と願うようになるからです。だからお母さんの役割は、子どもに「今日は成功した」と気付かせてあげること。そして成功体験を深く脳に刻めるよう、うながすことです。単純に「今日の結果」をほめることに加え、「明日もできるかな」と、子どもの意識を未来に向けてあげられると最高です。

CASE 5

遊びや運動の場面で、友だちよりうまくできたとき

集団で過ごす時間が長くなってきたわが子。近くで見ていると、友だちと比較をして、ついつい声をかけてしまいがち。特に多いのが、ほめるとき。「○○ちゃんより早くできたね」「△△くんよりうまくできたね」。他の親御さんの耳に入ったら仲がこじれそうだから、わが子だけにこっそり伝えてしまう。「他の子よりすごい」というのは事実だけれど、周囲と比べてわが子をほめるのって、よくないこと？

NG　○○くん（ちゃん）よりうまいね（上手だね、早いね）

わが子が周囲のお子さんより「何かに秀でていたとき」「よい結果を出せたとき」、ほめたくなるという気持ちはわかります。でも、他人と比較して評価をしていると、他のお友だちに負けたとき、ほめるところがなくなりかねません。ほめる基準は、あくまで「過去のわが子」が理想です。

OK　（友だちとは比べず）よくがんばったね

ほめるときの鉄則は、「周りの人ではなく、過去の本人と比べる」こと。お子さんが、めざましい結果を残せたとしても、それが「過去のわが子」と変わらないレベルなら、ほめないのが正解です。ほめるハードルが下がりすぎると、本人もうれしく感じなくなります。また「あまりがんばらなくてもお母さんはほめてくれる」と思うと、努力することから遠ざかってしまいます。もし声をかけるなら「今回もがんばったこと」に対するねぎらいの言葉でよいでしょう。

CASE 6

ほめる

競争で 1位になったとき

「1位」という言葉には、大人にとっても子どもにとっても、不思議な魅力があるもの。「1位になることの難しさ」を知っているからこそ、誰かが「1位になった」と聞くと「すごい」と手放しで賞賛してしまう。もちろん、わが子についてもしかり。「クラスで1位」「かけっこで1位」などと知らされれば、お祝いしてあげたくもなる。それは当然の感情だと思うけれど、脳科学的には……？

NG　1位になって、すごいね（えらいね、よかったね）

子どもは「1位だよ、すごいでしょう？」と、喜びをストレートにぶつけてきます。大人もつい「1位だなんて、すごい！」とオウム返しをしてしまいがち。けれども、もし次の機会に「1位」でなくなったとしたら。たとえがんばった結果でも「もうほめられない」とお子さんが落胆してしまうことになります。

OK　がんばることができて、すごいね（えらいね、よかったね）

子どもをほめるときは「結果」ではなく「過程」に注目することが重要です。順位や結果だけを問う「成果主義」に幼少期からさらされすぎると、感じなくてもよい敗北感を味わって自己肯定感を失ってしまったり、やる気をなくしてしまったりします。ですから、幼いうちは「1位（上位）」への過度なこだわりをもたないよう導くのが望ましいのです。1位かどうかは「結果論」にすぎません。それよりも、努力の大切さを伝えていきましょう。

CASE 7

時間をかけずに課題を仕上げたとき

「今の時代はみんな忙しいから、スピード自体に価値がある」そう思って生きてきた。だから、わが子の行動が速く終わったとき、ほっと安心して「速かった」という部分をほめたくなってしまう。けれども、物事には「速さ」よりも「質」が問われることだって多い。時間内ギリギリまでねばる姿勢が評価されることもある。明らかに「質」のほうが大事なとき。わが子に何と言えば、わかってもらえるか……。

NG　速くできて、えらいね（すごいね）

どんなことでも、「速いことはいいことだ」と思い込んでいるお子さんがいます。それは「速くしなさい」というお母さんの声を浴び続けて育った弊害かもしれません。暮らしの中で、「速さ」と「質」、それぞれ大事なときはどんなときか、親子で確認してみましょう。思わぬ誤解に気付けるかもしれません。

OK　速くできたのはすごいけれど、もうちょっと、がんばってみる？

お子さんが、「時間をかけるべきとき」に、スピード重視で仕上げてしまった場合、そもそも目的を誤解していたのですから、仕方がありません。当初の目的どおり、「速く仕上げることができたこと」について、まず認めてあげましょう。そして、「本当は質を追求したほうがよいのだ」とわからせてあげましょう。お絵描きなら「もう少し、△△を描き足してみる？」「もう一度観察してから描いてみる？」など、「こだわることの大事さ」を伝えることができれば理想的です。

CASE 8

ほめる

テストや習い事で いい結果を出せたとき

目標を設定して、毎日少しずつ努力を続けてきたわが子。すんなりいかない日もあり、親も必死でおだてたり、すかしたり、その気にさせて、取り組みに伴走してきた。地道な努力のかいあって、いい結果をなんとか残せたとき、それまでがんばってきた姿を知っているから、うんとほめてあげたいけれど、感情に流されて「すごいね」「よくやったね」「えらいね」だけでいいのかどうか……。

NG すごくいい結果が出て、よかったね

テストや習い事など、継続的な努力が問われる事柄ほど、結果だけに一喜一憂する「結果主義」に陥らないことが大事です。たとえ好成績を出せたとしても、次の回もがんばらなくてはいけないからです。反対によくない成績をとったことが次にがんばる原動力になることもあります。長い目で見るべきなのです。

OK 今回、がんばることができてえらいね。○○してがんばったからだね

結果をほめたくても、ぐっとこらえて、努力した「過程」をほめましょう。それも、「○○したからだね」と、成功の理由も同時に伝えることが理想です。たとえば「1日○分、練習を毎日続けたからだね」「わからない問題を何回もやり直したからだね」など、お子さんを見ていて気付いた「ポイント」を、1フレーズ加えてあげましょう。さらに、お子さんに「いい結果を出せた理由は何だと思う？」と「ほめてほしいポイント」をインタビューすると、会話が弾みます。

CASE 9

自分から宿題に取り組めたとき

宿題が苦手で、帰宅後もなかなか取りかかることができないわが子。「切羽詰まってから、重い腰をようやく上げる」というリズムがいつの間にか定着。夕方以降は、「宿題した？」「これからやる」というお決まりのフレーズをぶつけ合うのが親子の日課……。そんなトホホな状態から、突然抜け出すことができたとき。すかさずほめて、次につなげたいけれど、いったいどんな言葉をかけるべき？

NG 今日は珍しく、自分から宿題をやっているんだね

大人にも子どもにもいえることですが、たとえほめる気持ちがあっても「カチンとくる言い方」をすると、相手を傷つけ機嫌を損ねてしまいかねません。宿題に自分から取りかかれていることが、実際に「珍しい」ことでも、見えたまま、思ったままの言葉をそのまま口にせず、プラスに聞こえるよう工夫しましょう。

OK もう、これからのあなたは自分で宿題ができるね

「決められたこと」に取りかかるとき、人は気合いを入れなければなりません。ましてや「イヤなこと」に取りかかるには、より大きな意志の力が必要です。「ラクな状態のままでいたい」という気持ちをおさえ、「イヤなこと（＝宿題）」に自分から着手できたのは、素晴らしい成長の証(あかし)。「感情をコントロールして自主的に動けたこと」を、ほめたいものです。また「もうできるようになった」と「過去のわが子」とは違うことを強調して、成長を喜ぶ気持ちをシェアできれば最高です。

CASE 10

自分からすすんで お手伝いができたとき

起きている間は、興味の対象が次々と移り変わって、大忙しのわが子。猫の手も借りたいくらい忙しいときも、なかなか手助けしてくれない。そんなわが子も成長したのか、ときどきお手伝いをしてくれるように。しかも、親のほうから頼まなくても、積極的に「何かお手伝いしようか？」と申し出てくれるように。感謝の気持ちをうまく伝えて、より一層やる気を出してほしいとき、どんな声かけが効果的？

NG　ママ、助かるわぁ

意識できている大人は少ないのですが、「〇〇が助かるからありがとう」というほめ方には、問題がひそんでいます。「誰かのためにがんばる」という姿勢は、たしかに立派で素晴らしいものに思えます。でも「他人の感情の動き」ばかり気にするようになりかねません。行動の基準はあくまで「自分」であるべきです。

OK　お手伝いをしようって思ってくれて、うれしい

お手伝いをする前の、お子さんの心に注目しましょう。「自発的にお手伝いをしようと思ったこと自体をほめる」というのが、最高のほめ方です。なぜなら「お手伝い」に限らず、「〝よいこと〟を自発的にしようとしたとき、お母さんはほめてくれるのだ」とお子さんは理解できるからです。すると、他のさまざまな〝よいこと〟についても、「積極的に取り組みたい」と思えるようになります。「そのお気持ちがうれしいです」という大人へのお礼の言葉と似ていますね。

CASE 11

おもちゃを手当たり次第、口に入れてしまうとき

　手近にあるおもちゃを、口に入れてしまうわが子。「お腹がいっぱい」というのは親のカン違いで、もしかすると食欲はまだ満たされていないのか!?　おもちゃにはよだれがついてベトベトで衛生的じゃないし、本当にやめてほしい。それに、おもちゃがないところでは、何でも口に入れようとするので、こわすぎて目が離せない。でも、１日中ずっと見張り続けることなんて、不可能……。

NG おもちゃは、口に入れちゃダメ

視覚が未発達な時期の子どもは、おもに触覚に頼って外部の情報を吸収しようとします。そのため手で触るだけではなく、口に入れてしゃぶったりかんだりすることは、発達段階として〝必要なこと〟。それを制限されると、脳への刺激が減ったり、やる気が損なわれ無気力になったりしてしまいます。

OK （おもちゃを口に入れてもよいように、環境を整えて）おもちゃを口に入れて確かめているんだね、えらいね

触覚を通して脳に多くの刺激を与えるために、「ものを思う存分しゃぶること」ができる環境をまず整えてあげましょう。自宅の中でも、幼い子どもが入っていいエリアを決め、そこから「口に入れてはいけないもの」は取り除いておくのです。また、そこにあるもの（おもちゃ類、タオルやシーツ類など）は、こまめに洗濯や除菌を行なうようにしましょう。「口にものを入れているとき＝脳が育っているとき」とプラスにとらえて、ほめることができれば理想的です。

CASE 12

食べ物で遊んでしまい食事が進まないとき

自力で食べられるようになったはずなのに、テーブルに出された食べ物で遊ぶわが子。じっと見ているとパクパク食べているように見えるけれど、目を離すとおかずを手づかみにしたり、お米をまるで粘土のようにこねたり。ほとんど口には入っておらず、ご飯で遊ぶことが楽しくてたまらない様子。食事時間がダラダラと長引き、台所が片付かないうえ、テーブルの上はグチャグチャで、疲れ果ててしまう。

NG 食べ物で遊ぶのは、やめなさい

「食べ物を粗末にするとばちが当たるよ」「お米を作ってくれた人が泣いてしまうよ」「食べ物で遊ぶことはよくないんだよ」。このような大人のルールを押し付けても、子どもの心には響きません。また「そのようなルールがある」とたとえ理解できても、「ルールを破る楽しみ」に快感を覚えることもあります。

OK （向き合って食事をとりながら）おいしいねぇ

お母さんがお子さんの前に座り、「ご飯をスムーズに、おいしそうに食べる姿」を見せてみましょう。お子さんはきっと、パクパクと食べ始めるはず。そんな現象には「ミラーニューロン」という神経細胞が関わっています。子どもは、「鏡」という名をもつ「ミラーニューロン」を働かせ、ミラーリング（模倣）をすることで「相手に共感すること」を覚え、脳を成長させていきます。向き合って食事する姿を「サンプル」として見せることには、脳を育てる効果が期待できます。

CASE 13

着替えがひとりでうまくできないとき

「そろそろひとりで着替えられる時期になったかな」と思っていても、洋服を着るときに左右を取り違えて袖を通そうとしていたり、襟元からうまく顔を出せなかったり。洋服を脱ぐときに、手足がうまく抜けなかったり、スカートやズボンをうまく下ろせなかったり。いったいいつになったら、ひとりで着替えができるようになるのか心配。急いでいるときは、手伝って無理やり着せてしまうけれど……。

NG 早く着替えなさい！

着替えがゆっくりなお子さんは、ボディ・イメージ（39ページ）の発達が進行中であることが多いもの。「自分の体をどのように動かせば、洋服をうまく脱ぎ着できるのか」、脳から体にうまく指令を出せていない状態です。そんなときに「早くしなさい」とせかしても、お子さんは悲しくなり、自信を失ってしまうだけです。

OK （お手本を示しながら）お母さんと一緒にやってみよう

お子さんのボディ・イメージを育てるには、お手本を見せるのがいちばん。よく似た形状の服に着替える姿を、実際にゆっくりと見せてあげましょう。左右を取り違えやすいお子さんの場合、横に並んで動作を示すことができればベストです。また、洋服の形を見直すことも重要です。たとえば、ボタンやスナップなどがついていないもの、「左・右」や「前・うしろ」がわかりやすい洋服を選ぶようにしてみましょう。洋服一式をわかりやすく配置して、着始めることも大事です。

CASE 14

同じ服ばかり着たがるとき

「おしゃれにこだわりがある」「ファッションが大好き」というわけではないけれど……。特定の服ばかり着ようとするわが子。洗濯中で着られなかったときは、生乾きのまま着ようとしたり、泣いて怒ることさえある。どうして、いつも同じ服に執着するのか、ちょっと心配。親としては、いろいろな服を楽しんで着てほしいと思うし、「今ある服」で妥協してほしいときもある。なぜ、同じ服ばかりを着たがるの？

NG 他の服も着なさい

「他の服を避ける」という子どもの行動は、ＳＯＳのサインであることも。言葉にはできなくても「生地がチクチクする」「肌触りが気に入らない」などの理由がひそんでいるケースが多いのです。他の服を強制的に着せようとすると、子どもは泣いたり怒ったりするはず。そうなっては心を傷つけてしまうだけです。

OK 他の服は、なぜイヤなのか教えて

「他の服がイヤな理由」を子どもから聞き出すところから始めましょう。「チクチクするの？」など誘導尋問的な聞き方でもＯＫです。理由がわかれば、「そうではない服」を一緒に買いにいきましょう。店では、子どもに自発的に選ばせることが大事です。自分で選んだものには興味も愛着も湧くもの。「オーガニックコットン」「流行のデザイン」など、大人の尺度は横に置き、まず子どもに選ばせる。そしてお母さんは最終的に、肌触りをチェックしてあげてください。

CASE 15

お店で商品を触ってしまうとき

スーパーなどへ買い物に行くと、陳列されている商品を触ってしまうわが子。「いけないこと」と何度言い聞かせても、まるで条件反射のように手が出てしまう様子。箱や袋に入った商品ならまだしも、トレーに入った生鮮食品ばかりをねらうのも、親にとっては泣きどころ。わが子がラップを破いてしまい、泣く泣く買い取った経験も数知れず。買い物には、できれば連れていきたくない！

NG　お店のものだから、触っちゃダメ！

「○○だから、△△をしてはダメ」。このような論理的な説得の仕方が通用しないのが「子どもらしい子ども」です。「売りものだから」「商品だから」「お店のものだから」という大人にとってのルールは、子どもの心に響きません。むしろ「ルールを破る楽しみ」を感じ、欲求がエスカレートすることもあります。

OK　（子ども用に買うものを一緒に選びながら）おうちに帰ってから、触ってみようね

ラップに包まれた商品は、子どもにとって魅力的で「触って確認してみたい」気持ちが起こっても当然です。考え方を変えて、商品を触ることを、〝好奇心が育っている証拠〟ととらえてみましょう。そして、お店ではなく「自宅の台所で思いっきり触る」という機会を用意してあげませんか。それが触覚の発達をうながし、脳を育てます。お子さんの興味の芽を自由に伸ばせる環境を整えてみてください。

CASE 16

公共の場で騒いだり、グズったりしたとき

電車やバスなどの公共機関、さまざまな施設やレストラン、スーパー。静かにしてほしい場所でも、騒いだり、グズったりするわが子。そのたびに叱ったり、なだめたり、あやしたり。外出中は、わが子の顔色を常にうかがい、機嫌をとることになるので、疲れ果ててしまう。「いっそのこと、ずっと自宅で過ごしたほうが、ラク」と思ってしまうことも。なぜ、すんなりと言うことを聞いてくれないの？

NG 静かにしなさい！

低年齢の子どもほど、自分の感情をコントロールできません。そのため、いったん外出してうれしさや喜びで興奮すると、お母さんのどんな声も届きにくくなります。その結果、走り回ったり、大きな声を出したり、興奮しすぎてグズってしまうというわけです。そんな状態で「静かにする」のは至難のワザです。

OK （小さなヒソヒソ声で）ママの声の大きさ、まねしてみて

子どもが騒いだり、グズったり、興奮しているとき、何かを伝えようと思ったら「ハッ」とさせて「面白そう！」と思わせるのがいちばん。いつもとは違う「ヒソヒソ声」で、お子さんにやさしく話しかけてみてください。大声を出していても、泣きべそをかいていても「えっ、なになに？」と身を乗り出して耳を傾けてくれるはずです。脳は「新規性（いつもと違うこと）」を好みます。子どもはその傾向が強いので、特にこの方法は有効です。いわば脳の「リセット」です。

CASE 17

夜、布団に入っても寝付けないとき

昼間の活動量が多いから、夜はスムーズに入眠できるはずなのに、なぜだか「眠れない」というわが子。夜に見たテレビや動画のせい？　ゲームで遊んでいた直後のせい？　挙句の果てに、布団から抜け出して、「パパが帰ってくるのを待つ」などと言い出す始末。明日も早く起きて登園（校）しないといけないのに、起床時間まで遅くズレ込みそうで心配。

NG 早く寝なさい

一方的に「早く○○しなさい」と声かけをしても、子どもはそのとおりに動けません。特に幼いうちの行動原則は、意志や気持ちとはほぼ無関係。脳内物質に左右される部分も大きいからです。このフレーズでは「お母さんにまた何か叱られているなぁ、イヤな気分だなぁ」という印象しか、与えることができません。

OK （環境を整えたうえで）お部屋に行って眠る準備をしましょうね

睡眠の問題は、環境改善で解決することが多いものです。「寝室にはテレビやゲーム、おもちゃなどを置かない、持ち込まない」「豆電球はつけてもよいけれど、カーテンで真っ暗にもできるようにする」など、入眠しやすいように整えてみてください。そして「寝室に行く＝すぐ眠る」という反応ができるよう、お母さんと一緒に習慣化していきましょう。このように「○○すると△△したくなる」という反応を「条件付け」と呼びます。言葉かけも、条件付けに有効です。

CASE 18

突然、かんしゃくを起こしたとき

自分の思いどおりに事が運ばなかったとき、がんばったのにうまくいかなかったとき、不快な気分になったとき、かんしゃくを起こすこともあるわが子。いわゆる「キレる」という状態に近いかも。特に困るのは出先でかんしゃくを起こされたとき。人目も気になるし、予定どおりに動けなくなるし、途方に暮れてしまう。急いでいるときは、抱きかかえて無理やり移動することも……。いったいどうすれば?

NG　いいかげんにしなさい！

子どもにかんしゃくを起こされたとき「より大きな感情をぶつけ返すことで〝威圧〟して、わが子をコントロールしよう」というお母さんも少なくありません。けれども、子どもに感情をぶつけても、何の意味もありません。「お母さんが怒ったこと」に子どもが反応して、かんしゃくがよりエスカレートすることも。

OK　（抱きしめながら）大丈夫だよ

「かんしゃく」とは、気持ちがコントロールできなくなっている状態です。感情をつかさどる前頭前野が未熟なため、子どもはかんしゃくを起こしやすいのです。体験を積み重ねることで、感情を制御する方法を身に付けていきます。それまでは、お母さんが「気持ちを落ち着かせるお手伝い」をしてあげましょう。ハグなどのボディタッチで癒しのホルモン「セロトニン」「オキシトシン」などが分泌されて安心感に満たされ、気持ちを切り替えて次の行動に向かうことができます。

CASE 19

靴や服を脱ぎっぱなしにしているとき

玄関に脱いだ靴を散乱させ、リビングの床に脱いだばかりのジャンパーや帽子を放り出す……。元気がよいのはありがたいけれど、身の回りのことがなぜきちんとできないのか、不思議でならない。入浴時も脱いだ服は脱衣所の床に置きっぱなし。次に入る人や、洗濯する人のことをまったく考えていない。「脱いだものを、所定の場所に整える（収納する）こと」を徹底してほしいけれど、いったいどうすれば？

NG　脱いだものはきちんと揃えなさい！

どんなシーンでも共通していえますが、「△△△しなさい」という言葉にしたがって行動するとき、脳はあまり喜びを感じません（「好きな人の役に立てる」というときは別ですが）。脳は「受動的に動けばいいからラクだなぁ」と学習してしまい、積極性も育ちません。「命令形の叱り方にメリットなし」と覚えてください。

OK　（服や靴を整える動作を見せながら）ママのまね、できる？

子どもは「脱いだ服や靴を整理するために体をどう使えばよいのか」、わかっていない可能性があります。そのため「お母さんがお手本を示す」というミラーニューロン（111ページ）に働きかける方法が、ここでも有効です。また作業の最中に戸惑いを見せていたら、「できそう？」と声をかけ、感想を聞いてあげましょう。子どもは会話をすることで、脳内でシミュレーションを行なうことになり、よりスムーズに自分の体を使えるようになります。

CASE 20

食事に時間がかかりすぎるとき

ご飯を食べるのが遅いわが子。なぜだか、ずっとモグモグ食べ続けている。計ると、1時間近くかかっているときもある。大好きなメニューのときだって、そうだ。すべてを食べ終わるまで、結局いつもと同じくらい長くかかる。こんなに遅いと、小学校（保育園、幼稚園）の給食（お弁当）の時間は、どうしているのかと心配になってしまう。本人は「大丈夫だよ」と平然としているけれど……。

NG いいかげんに、早く食べ終わりなさい

食事の速度が遅い場合、２つの理由が考えられます。１つ目は、咀しゃくに時間がかかっているというケースです。せかすと誤嚥（ごえん）などの事故にもつながりかねないので、無闇に急がせることは避けたいもの。２つ目は「遊んでいる」というケースです。この場合、叱られてもお子さんの心には届きにくいものです。

OK （お子さんの前に座って、食事をしてみせながら）こうやって食べるんだよ、おいしいね

「咀しゃくに時間がかかる」という１つ目のケースの場合。お母さんが向き合って、一緒に食べてあげることが有効です。ミラーニューロン（111ページ）の働きで、子どもはまねをして、スピードアップできるでしょう。２つ目の「遊んでいる」ケースの場合、子どもは食べ物の触感を楽しんでいる可能性があります。「今、口での触感を楽しみ、脳を発達させているのだ」ととらえ、見守りましょう。他に興味の対象を見つければ、早く食べ終わるようになります。

CASE 21

登園（登校）前の支度が遅れがちなとき

起床後の流れは、いつもだいたい同じはず。顔を洗って、食事をして、歯磨きをして、着替えて、持ちものを用意して……。もちろん、順序が少し変わる日だってあるけれど、大きな流れは同じはず。それなのにいつも、支度が遅れてしまう。絵本やおもちゃに気をとられ、急に遊び始めてしまうことも。出発時刻は、わかっているはずなのに、出発時刻より前に用意が整ったためしなんて一度もない……。

NG 早く用意しなさい

子どもは前頭前野（75ページ）の発達が未熟なため「誘惑に負けやすい」という特徴があります。出発の準備をしながら、他のことに気をとられてしまうのは、仕方のないこと。「早く用意をしなければ」と思っていても、脳の仕組みによって行動の優先順位が変わってしまう、という事実を知っておいてください。

OK ○時がリミット、それまでにミッションをオールクリアできるかな？

誘惑に弱い子どもの行動を律していこうとするとき、準備を〝ゲーム化〟して親子で楽しむのがおすすめです。家から出発することを「ゴール」として、それまでに食事や歯磨きなどの「ミッション（使命・課題）」をクリアしていく、ととらえてみましょう。「ママは食事を用意する係。あなたは、その間に着替えを済ませる係ね」などと作戦を打ち合わせするのもよいでしょう。またミッションを設定するときは家の動線も考慮に入れ、流れをスムーズにできると最高です。

CASE 22

忘れものが多いとき

小学校（保育園、幼稚園）に毎日持参するものは、ハンカチ、ティッシュ、帽子、名札など通年ほとんど変わらないはず。それなのに、なぜか忘れものが多く、注意を受けて帰ってくるわが子。ルーティンの持ちものにもヌケがあるくらいだから、特別に必要な持ちものについてはなおさら忘れる確率が高くなる。集団生活の中で困ることはないのか、恥ずかしいとは思わないのか、不思議で仕方がない。

NG ちゃんと準備しなさいよ

子どもに何かを伝えるときは、できるだけ具体的な言葉を使うことが理想的です。「ちゃんと準備をしなさい」と言われても、子どもは何が「ちゃんと」なのか、理解ができません。そもそも、どのように行動することが「準備」なのか、わかっていないケースも多いもの。そのため、うながされても動けないのです。

OK チェックリストを確認した？

まず「忘れものをしない仕組み」を構築しましょう。「持ちものボックス」を作り、必要なものをそこに集約する。そしてチェックリストを作り、指差し確認をする。こんな2段構えのシステムにすれば、忘れものは根絶できます。重要なのは、お母さんが準備係を代行しないこと。子どもはずっと「準備ができない人」になってしまいます。また忘れものが多いと「恥ずかしい」などの負の感情が生まれ、自己肯定感が低下しかねません。早めに解決したいものです。

CASE 23

友だちが持っている ものをほしがるとき

友だちの持ちものをうらやましがって、すぐにほしがるわが子。「○○ちゃんが持っていたのと同じのがほしい」「みんなが持ってる□□□□、私にも買って！」などと、単にまねをしたがっているようにも見える。そんなに高額なものでもないし、役に立つものであれば買ってもよいかもしれないけれど、親としてそんな姿勢でいいのか迷ってしまう。

NG（頭ごなしに否定して）絶対、ダメ！

「友だちのものと同じものを、自分も持ちたい」という欲求の裏には、所有欲以上のものが存在します。「同じものを持つことで連帯感を感じ、帰属意識を強め、安心感を得たい」という願いが横たわっていることも。そこに気付かず、一気に大人が否定をすると、お子さんは悲しく、不安な気持ちになってしまいます。

OK 買えるかどうかわからないけれど、今度一緒にお店に見に行こうか

子どもが、せっかく自発的に欲求を表現できたのですから、「買う」「買わない」は別として、その気持ちは最大限尊重したいもの。時間を作って、実際にお子さんと一緒にお店に出かけてみませんか。高額なものであったり、禁止されているようなものでなければ、基本的に買い与えてもOKでしょう。万一何らかの理由で買わずに終わったとしても「話を聞いて、店に連れていってくれた」という点で、子どもの心は落ち着くはずです。

CASE 24

叱る

学校のテストで悪い点数をとってきたとき

わが子がテストでひどい点数をとって帰ってきた。言いにくそうにモジモジしながら、答案を出して見せてくれた。普段から、勉強をしていないのだから当たり前だけれど……。いったいどう叱れば、勉強に対して情熱をもってくれるようになるのか。答案を見せてくれるだけ、まだマシなのか。「あまり叱りすぎると子どもが答案を隠すようになる」という話もよく聞くし、上手に叱りたい。

NG 勉強しないと立派な大人になれないよ

勉強しないと「いい学校に行けない」「いい会社に入れない」「立派になれない」など……。このようなフレーズで叱るお母さんは、決して珍しくありません。しかし子どもにとっては、話の内容があまりに遠すぎて実感がもてず、ピンときません。「いい会社」「立派な人」という表現は、子どもには曖昧（あいまい）すぎます。

OK なぜ悪い成績だったのか、考えてみよう

がんばっていない結果として、成績が悪かったのだとしたら「なぜ、がんばることができなかったのか」、一緒に理由を考えましょう。テレビの見すぎやゲームのしすぎなど、何らかの理由にたどりつくはずです。万一、「がんばったのに悪い成績しかとれなかった」という場合、それは叱るに値しません。「がんばったのにね」とまずは慰め、ねぎらい、やはりその原因を丁寧に探ってみてください。「実は足し算の繰り上がりが理解できていない」など、問題が見えてくるはずです。

CASE 25

初めての場所に行きたがらないとき

通い慣れていない場所や、見知らぬ土地を訪れることをこわがるわが子。休日などに、せっかく遠出をしようとしても「初めてのところはイヤ」とこばまれ、困ってしまう。遠足など行事のときは、わざわざ下見に連れていかなければならない。幼児期限定の現象であればよいのだけれど、いったいいつになったら見知らぬ土地への恐怖感がなくなるのか。大人になって、きちんと働くことができるのか……。

NG 心配ないから、行こうね

「心配ないから、行こう」と言われたとき、子どもの脳は「心配」という言葉に意識をフォーカスさせてしまうため、余計「心配」になります。その結果、脳にノルアドレナリン（58ページ）が出て、イライラしたりすることに。「心配ない」というのはあくまで大人の価値観であることを、忘れないでください。

OK （行き先の写真・画像などを実際に見せて）こんなところなんだって。○○ちゃんは、何が楽しそうだと思う？

心配や不安を取り除くには、画像（写真・動画など）を見て楽しいことを想像するのがいちばんです。もちろん、お母さんが一方的に画像を見せるだけでは、子どもの積極性が育ちにくくなってしまうので、「あなたはどう思う？」と問いかけることも忘れないでください。たとえば公園の場合、画像を見せながら「どの遊具で遊んでみたい？」と質問を投げかけてみてください。子どもは必然的にイメージをふくらませるようになり、その分、安心感を得ることができます。

コラム

ほめるときも、叱るときも、「理由」を明らかにして伝える

第3章では、さまざまなシーンでの「ほめ方」「叱り方」を、事例に沿ってご紹介しました。けれども、これらの事例を丸暗記する必要はありません。「ほめ方」「叱り方」に共通している原則は「理由を明確に伝える」ということです。

「〇〇したから、ほめられた」「△△したから、叱られた」

子どもに、このような因果関係を理解してもらうことが重要です。

「だから、ほめられた（叱られた）のか！」と納得できた瞬間、子どもの脳はまた少し育つことになります。したがって、単に感情的な「ほめ方」「叱り方」はNGです。もちろん、感情的に「すごいね！」とほめられたとき、子どもは悪い気はしないでしょう。けれども、「ほめられた理由」がわかりにくいため、次に再現をすることが非常に難しくなってしまいます。

子育て中は、心身共に疲れるもの。「ほめ方」「叱り方」について考えることを、負担に感じる瞬間もあるかもしれません。けれども、「お母さんが頭を使って考えるほど、子どもの脳はよりよく育つ」、そうとらえてみませんか。

第4章

子どもはひとりひとり違っていい

子どもの心がわからない、それは当たり前のことですよ

この章では、子育てに奮闘するお母さんが、気持ちをラクにして育児を楽しんでいくコツをお届けします。

まず、育児の大前提として心に留めておいてほしいことをお話しします。それは、繰り返しになりますが「子どもとお母さんとは違う人格である」という事実です（12ページ）。大事なことなので、再び触れさせていただきますね。

育児期の渦中にあるとき、子どもの行動や、言っていることや、考えていることが「理解できない」と感じることが、必ずあるはずです。

「好きなメニューなのに、なぜ食事に1時間もかかるの？」
「自分が脱いだ靴や服を、なぜ脱ぎっぱなしにするの？」
「友だちが持っているものばかり、なぜいつもほしがるの？」

このような疑問を抱くとき、口には出さなくても、お母さんも心の中で、きっとこうつぶやいているはずです。

「私なら、そんなことはない（しない）のに」

この「私なら……」と、わが子と自分を同一視して考えてしまう思いが、実はお母さんを疲れさせている大きな原因なのです。これは、「わが子＝私の分身」という無意識の思い込みが生み出す〝呪縛〟のようなものです。

「私なら……」という思考をどれだけ手放していけるかが、育児期の楽しさを左右します。

具体的にいうと、子どもの言動に一喜一憂しすぎず、「また、わが家の〝宇宙人〟（＝お子さん）が、とんでもなくユニークな〝芸〟を見せてくれている」というように、肯定的にとらえることができるとベストです。

もちろん、いくらユニークな言動であっても、それが「危険なとき」「迷惑なとき」「ウソをついたとき」「（自分自身を含め）人を傷つけたとき」であれば、叱ることが必要です。

それは、叱るときの基準（66ページ）のところでお話ししたとおりです。

でも、子どもの実際の様子をよくよく思い返してみると……。

この「基準」に触れないレベルで、他愛なくふざけているだけだったり、何かに夢中になってやるべきことをあと回しにしているだけ、ということも多いのではないでしょうか。

つまり、子どもの言動について、お母さんは本来、それほど悩む必要なんてないはずなのです。

「自分とは行動の仕方や考え方が異なる」というだけで、子どもに振り回されすぎることはありません。子どもを独立した1つの人格としてとらえ、のびのびと活動できる自由を守ってあげてください。

「お恥ずかしい話ですが、私は、自分の子どもの心がまったくわかりません」

そんなお悩みを打ち明けてくださるお母さんもいらっしゃいます。

成長の過程では、お子さんとのコミュニケーションがスムーズにいかない時期が訪れることもあります。

でも、子どもというものは、どれだけ無関心を装っているように見えても、お母さんの言葉や行動を常に意識して、気にかけています。

だから、たとえお子さんから反応が返ってこなくても、「のれんに腕押し」のように思えても、プラスの言葉のシャワーを注いであげてください。

「あなたは、本当にいい子ね」

「お母さんは、あなたと一緒に過ごせるだけでうれしいと思っているのよ」

たとえ、目に見えるような明らかな反応がなくても、表情や態度が変わらなくても、お子さんの心の中にパッと光が差し込むことは間違いありません。


どんな子どもも、幼い頃からしっかりした自分の「世界」をもっています。それは、外からうかがい知ることは困難ですが、本人にとっては豊かな「小宇宙」ともいうべき大切なものです。子どもなりのルールがある世界なのです。

その小宇宙を尊重しつつ、よい声かけをしてあげてください。

寛容な心でお子さんに接することができれば、お母さんの心もあたたかさや豊かさで満たされるはずです。

いつも子どもの味方でいられるのが、お母さんの特権

「何でも口に入れたり、すぐに転んだり、何をするかわからない小さなわが子から、1日中目が離せない」

「いたずら好きでわんぱくなわが子を追い駆け回して、疲れ果ててしまう」

育児期のお母さんは、みなこのような心境で過ごされています。

けれども、ほんの少しだけ見方を変えてみてください。

1日中、「目が離せない」「追い駆け回す」ということは、大変なエネルギーを必要とします。神経だって使います。

でも、それは「ずっとお子さんの味方でいられる」ということです。

お子さんのサポーターでいる、ファンでいると言い換えてもよいかもしれません。「わが子というかけがえのない存在に常に寄り添い、間近で見守りながら、さまざまな支援ができる」ということは、素晴らしい特権ではないでしょうか。

お母さん以外の誰も、「お子さんの間近にいつもいること」はかないません。「孫

がかわいい」と一緒に喜んで遊んでくれる祖父母などの身内も、遠くに暮らしていれば、なかなか会うことはできません。

また子どもは、どんな環境で育っていても、やはり「お母さん」を第一に求めようとします。

「私は、ファンとして最高のポジションにいる」

そんなふうに考え方を切り替えてみると疲れも一気に吹き飛んで、毎日の育児が意義あるものに思えてきませんか。

子どもがいくら、保育園や幼稚園や学校の先生になついているとしても、どれだけ、かわいがられているとしても。

「集団の中のひとり」であることに変わりはありません。また、その集団の中で問題が起これば、立場が悪くなって「かわいがられる存在」ではなくなってしまうことだって起こりうるのです。

けれども、お母さんの場合は違います。

お母さんは、わが子がたとえどんな悪いことをしても、いったん叱ったあとは、わが子に寄り添い、そのつぐないに一生付き添い、その人生に伴走し続けるはずです。

お母さんほど、わが子に無条件の愛情を注げる人はいません。

「自分の分身」としてではなく、別の人格をもったひとりの人間として、限りない愛情を注いでいきましょう。

どんな子どもであっても、お母さんは無条件の愛情を注げるものです。

「私は、無条件の愛情なんて注げない」とおっしゃるお母さんもいらっしゃるかもしれません。その場合、「わが子を他の子と比べない」という原則を思い出すようにしてみてください。

母子関係のトラブルや、お母さんのお悩みの多くは、「他の子（平均値）と比べること」から生まれています。

子どもを出産した直後から、「平均体重と比べてどうか」と気にしたり、ミルクの量や、排泄の回数が「平均値と比べてどうか」と心配したり。

そして乳児検診を受け始めると、それからずっと「成長曲線」という平均値の推移と、わが子の成長を比較し続けることになります。

もちろん、わが子の成長を科学的に分析することは重要なことに違いありません。けれども「寝返りをうつこと」「ハイハイをすること」「伝い歩きをすること」「言葉を話すこと」などが、「平均」よりたとえ遅めであっても、気にしすぎることはありません。なぜならそれは「結果」でしかないからです。

本書では繰り返し、努力の「過程」こそが大事であるとお話をしてきました。どのようなプロセスで子どもが成長を遂げたのか、どのようにがんばったのかという「物語」のほうが、はるかに重要です。

育児期において「他の子と比べる」というお母さんの心理的傾向は、1つのクセのようなものです。このような思考を遠ざけるようにすると、お子さんが放つ独自の輝きに気付くことができ、無条件の愛を惜しみなく注げるようになります。みな、それぞれの物語を自由に紡ぎながら、成長を遂げていきます。その速度ではなく、物語の中身に注目してあげてください。

しんどくなったら、ポジティブに言い換えてみる

子育てにおいても、「ものは言いよう」です。お母さんは〝言葉の魔術師〟になったつもりで、わが子の見方や評価をガラリと変えてみてください。

たとえどんな場面でも、「肯定的な言い回し」は、きっと見つかるもの。お母さんが、子どもにポジティブなイメージをもち続けることが大事です。

たとえば、子どもの朝の支度が遅いことが気になるとき。

「どうしてうちの子は、着替えや身支度が遅いのか」

このように、子育ての場面で「原因」を突き止めようとしても、難しいことが多いものです。129ページでご紹介したような対策を立てたら、あとはクヨクヨと思い悩まないことです。

それよりも、お母さん自身の見方をガラリと変えて、脳を「不快」から「快」の状態にシフトさせてみましょう。

「うちの子は、洋服を丁寧に着替えているだけなのだ」

どうでしょう。「行動が遅い子」ではなく「行動が丁寧な子」と見方を変えると、お母さんの心のザワザワは、少し落ち着くのではないでしょうか。

このようなポジティブな言い換え例は、他にもあります。

「不器用な子」は、「ゆっくりと着実に行動する子」

「お友だちと遊んでいて、すぐ泣いてしまう子」は「心がやさしい子」

「いろいろな場所でけんかをしてしまう乱暴な子」は「社交性がある子」

「人見知りが激しい子」は「自分の中に、しっかりとした世界がある子」

「落ち着きのない子」は「好奇心旺盛な子」など……

頭を柔軟にして考えると、どんなネガティブな言葉も、ポジティブな言葉に変換することができます。言葉遊びのように思われるかもしれませんが、かまいません。まずはこうやって言い換えることで、お母さんは自分の心を落ち着かせて、お子さんへの肯定的な気持ちを見失わないようにしてください。

〝子どもの応援団長〟としての喜びや誇りがよみがえり、冷静に対策を立てていけるはずです。

気持ちはこまめにアウトプットしよう

育児期のお母さんに限った話ではありませんが、人が健やかな精神状態で、目標に向かって歩んでいこうとするとき、ひとりで黙々と努力を重ねる（＝インプットする）だけではなく、「今日はこれだけのことができた」「○○という出来事があって、△△と感じた」と気持ちを外に向かって表現する（＝アウトプット）ことも、実はとても重要です。

もちろん、個人差が大きくあるので、「自分の気持ちは秘めたままでいい」という人も珍しくはありません。

ただし、世間体や外聞を気にして「自分の気持ちは秘めたままでいい」と本音をおさえようとすることは、少し問題かもしれません。

本来、人はコミュニケーションを通して、他人と情報を交換し合ったり、思いを共有して感情のやりとりをすることに喜びを感じるようにできています（それがうまくいかないことで、ストレスを感じる人もいます）。

この人間本来の性質を、子育て期にも忘れないでほしいのです。

特に、子どもと向き合っていると、口には出さなくてもさまざまな感情に襲われるはずです。驚いたり、感心したり、悲しくなったり、うれしくなったり。日中はあわただしくて感情に浸ることはなくても、夜に布団に入ったとき、感情の波にとらわれることだってあるはずです。

そんな感情の波が、もしネガティブなものであったとしたら。

自分ひとりで抱え込んで黙り込むのではなく、身近な人と共有して解決をしたり、お母さん自身が心の慰めを得るべきです。たとえば次のような思いは、こまめにアウトプットしたほうがよいでしょう。

「わが子に口答えされた言葉が強烈で、心に刺さっている」

「家事と育児をひとりで切り盛りするのは、体力的に限界かもしれない」

「ママ友の態度が、どうも意地悪だと思えてならない」

自分自身で「つらい」と自覚できるレベルの不満を抱えていると、それは心身への大きなストレスとなっていきます。

「母親の代わりはいないから」とがんばり続けても、心に大きなダメージを与えてしまい、やがては破綻につながりかねません。

「細かい日々の出来事を夫に話すと、嫌がられる」というお母さんもいらっしゃるかもしれません。

そんな方に、私がよくおすすめしているのはネットを活用することです。

家族全体で考えなくてもよい事柄なら、家族以外の第三者、特に同じ立場でがんばっているお母さん同士でコミュニケーションをするほうが、癒しや元気を得られることがあります。個人情報を明かしすぎないように留意して、ブログやSNS上でのコミュニケーションを広げていくという方法は、ある意味とても建設的です。

たとえば「育児ブログ」を開設して、子どもの成長を日記形式で記録することは、脳科学的に見ても「お母さんの心をリセットする効果が期待できる」といえます。「自分の思いを書く」という行為で、気持ちをいったん吐き出すこと（アウトプットすること）は、ストレス軽減に多大な効果が見込めるからです。

また思いを文章にしていく過程で、人は気持ちを整理するようにできています。リアルタイムでは気付けなかったことが、見えてくることもあります。

その結果、気持ちがリセットされ「明日もがんばろう」と心をポジティブに立て直すことができるのです。

ただ1つ気をつけてほしいのは、自分のプライバシーはしっかり守るということです。発信の目的が「本音を飾らず吐露すること」であれば、個人を特定しにくいペンネームで、具体的な地名などは入れないようにしたいものです。実際に、思わぬところで「育児ブログの人ですよね」と声をかけられることがあるかもしれません。

お子さんの画像を載せる際にも、注意が必要です。顔の部分に加工を施すなどの気遣いも必要でしょう。

一方、発信の目的が「多くの人と和やかにつながること」なら、ネガティブすぎる言葉を使うのは控えたほうがよいかもしれません。いずれにせよ、ネット上のコミュニケーションも、うまく行なえばリアルなコミュニケーションと同等の心理的効果を得られます。「夫が忙しすぎて話す時間がとれない」「周囲にリアルなママ友がいない」などという場合は、ネット活用を検討してみてはいかがでしょうか。

お母さんにも気分転換は必要

どんな人にでも、リフレッシュする時間は必要です。気分転換をまったくしないで、長期間がんばり続けることは、現実的な話ではありません。だからこそ、働いている人には休暇をとることが定められているのです。

子育てについても、同じことがいえます。

まず、育児は肉体面でも〝重労働〟です。

子どもと一緒に走り回ったり、重たいベビーカーを押したり、抱っこで長距離を歩いたり。

そのうえ、精神面でも大きな負担がのしかかります。

子どもの安全や自由を保障するだけでも大変なのに、多方面に気配りや気遣いをして、子どもの成長をうながしていく……。

これらの役割を、ほぼ一手に引き受けているお母さんは、〝素晴らしいスキルをもつ長時間労働者〟だといえるでしょう。ですからお母さんは、疲れてしまう前に、「休みたい」という自分の気持ちを堂々と伝えるべきなのです。

けれども多くのお母さんたちは、お子さんを出産したあと、みな育児に一生懸命で、自分のことをついあと回しにしてしまいがちです。

その証拠に、次のようなお悩みを打ち明けてくださるお母さんもいます。

「この子がいると、美容院になんて行っていられません」

「お風呂に入って、ゆっくり髪を洗うことも減りました。少しでも手間を減らしたいから、出産後からずっとリンス・イン・シャンプーを使っています」

お母さん、たまには美容院にお出かけして、「自分時間」を満喫してください。

そして月に何度かは、自宅のお風呂で髪のお手入れを心ゆくまで楽しんでください。

心理学の世界では「自分自身が満ち足りた状態であるほど、相手にもやさしく接しやすい」ということは、定説になっています。

この説から考えると、お母さんがリフレッシュをしてニコニコできている状態が、子育て期のコンディションとしては最高ということになります。

けれどもやっぱり「わが子が小さいうちは、子どもがいちばん！」と「子どもファースト宣言」をされるお母さんは、多いものです。

そのようなお母さんにこそ、リフレッシュする時間を、どうかうまく捻出してほしいと思います。もちろん、そのためには周囲の協力が欠かせません。家族を巻き込んで、お母さん以外の大人に育児を担当してもらったり、子育てを支援してくれるサービスを利用するなど、初めてのことにもチャレンジしてみてください。もっとも、疲れていると「チャレンジすること」自体が難しくなります。脳は新規性を好む反面、「現状維持を好む」という保守的な面もあります。心身に元気がないと、より「現状維持を好む」方向へと脳は傾いていきます。

また「ストレスがたまっていると怒りやすくなる」というデータも多く報告されています。疲れだけではなく、体の周期に影響されて分泌されるホルモンにも、女性の心身は左右されます。

たとえば女性の場合、「月経が始まる直前の時期が、犯罪率がもっとも高い」というデータも存在します。

だから、「普段にもまして、わが子の行動が気になってしまう」「ほんのささいなことでも、わが子を厳しく叱りたくなってしまう」と気付いたときに、体の周期を確認するクセをつけることも、おすすめです。

もし、イライラしやすい時期であるとわかったら、「感情的になりやすいときだから、できるだけおおらかな気分で過ごそう」「今日はゆっくりしよう」と考えるようにできれば理想的です。そして趣味でも買い物でもかまいません、自分の好きなことを思いっきり楽しんで、リフレッシュできる時間を過ごしてください。

遠出が難しかったり、お子さんとどうしても離れられないという場合、お子さんと一緒に好きな音楽を聞いたり、話題のコンビニスイーツを味わったり、気になっていた雑誌を読んだり、意識的に心を満たすようにしていきましょう。お子さんが寝ている間に映画やドラマを楽しむことも有効です。

「やりたいことリスト」を作って、叶えたい夢や、ちょっとした楽しみを一覧にしておくのもおすすめです。「旅に出る」など大がかりな計画を立てなくても、身近な夢を叶えるだけで心を満たすことはできます。こまめに心を満たして、自分自身のこともいつくしんで、大切にしていきませんか。

子育てに疲れたら「区切り」を意識してみる

人は懸命に努力をしているとき、必死になればなるほど時間の流れの感覚がなくなるものです。また「この大変な状況は、一生続くのではないか」という錯覚にも陥りがちです。もちろん、実際にそのようなことはありえません。

　その証拠に、今、元気に育っているあなたのお子さんは、もともとは十月十日もお腹の中にいたではありませんか。

もし、お子さんと向き合うことが少しでもしんどく感じられるときは、将来の区切りについて思い浮かべてみてください。

七五三、入園、入学、成人式、就職、結婚……。

さらに細かく見てみると、生まれた直後の0歳児のときから、さまざまな行事が存在します。

生後7日目の「お七夜」、生後1か月目の「お宮参り」、生後100日目の「お食い初め」、生後6か月目の「ハーフバースデー」、生後初の3月3日（※女の子の場合）・生後初の5月5日（※男の子の場合）の「初節句」、生後1年目の「初誕生」など……。

このように、人間は昔からさまざまな行事を設けて、わが子の成長の区切りを確認してきました（中には、古めかしすぎて現在は一般的ではない行事もあります）。昔の人たちも「あと○日でお宮参りだね」「あと○年で成人式だね」と、近未来に訪れる「区切り」の晴れ舞台を意識して、日常のしんどさをやりすごしてきたのかもしれません。

脳科学的にいうと、「大変な時期」「苦痛を感じているようなとき」に、このように「区切り」「終わり」を意識することは、非常に有効です。「もう少しで○○」という逆算の考え方は、脳を癒し、大きな励みを与えてくれます。

「昔の行事は、覚えにくいし現代的ではない」と感じる場合、「ハロウィン」や「クリスマス」など、季節の行事を区切りにして、心の励みにする、という手があります。

いずれにせよ、脳にとって「楽しいこと」を想起させ、折に触れ期待させることは、ドーパミンの分泌をうながし、心地よさを感じさせてくれます。

お母さんも泣きたいときは泣いてください

前述のとおり、「気持ちをこまめにアウトプットすること」はとても大事です（150ページ）。

体裁や外聞を気にしすぎて、感情を抑制するクセがついてしまうと、あとで大きな弊害が起こりかねません。

「考えること」を面倒に感じるようになり、さまざまな判断を他人に委ねるようになってしまったり、本当に思っていることがわからなくなってしまったり。

ある日突然「私は今までずっと、つらいことをひとりでガマンしてきたのだ！」という悲しみに襲われてしまう危険もあります。

つまり、ネガティブな感情は、最初は非常に小さなものであっても、積み重なると「大きな被害者意識」へと増幅してしまいやすいのです。だから、ネガティブな気持ちほど、こまめにアウトプットすることが大事です。

気持ちをアウトプットするためには、さまざまな方法が想定されます。

①不平や不満を、言葉にして表現する（話す、書く）
②家族などの親しい間柄の大人に、飾らず正直な気持ちを打ち明ける（共有する）
③感情をストレートに出してみる（喜ぶ、泣く、怒る）

脳科学的に見ても、右に挙げた方法はすべてよいことです。ただし、いずれも「お子さんがいないところで」というのが鉄則です。

どんなお子さんも、カンが非常に鋭いものです。たった一言、お母さんの言葉を聞いただけで、話の全体を理解してしまうことも珍しくありません。

ネガティブに受け取れる言葉をお母さんが発しているところに居合わせたとき、お子さんは一気に不安を感じて、ノルアドレナリンを分泌してしまいます。また「私（僕）がいることが迷惑なのだろうか」などと想像をしてしまいます。子どもとは、何もわかっていないように見えても、敏感でかしこいものなのです。

ここで、特におすすめしたい方法をご紹介します。それは「③感情をストレートに出してみる」の「泣く」という方法です。

多くの専門家が指摘をしていますが、「涙を流して泣くこと」で癒しなどの効果が得られることが明らかになっています。その根拠として挙げられているのが、「エンケファリン」という脳内物質です。「人は涙を流すことで、エンケファリンが出て、ストレスが和らぐ」という事実がわかっています。

また、涙を流すことで、緊張した状態の「交感神経」から、脳がリラックスした状態の「副交感神経」へ、自律神経が切り替わるともいわれています。

つまり多くの涙を流すほど、緊張が解け、ストレスも軽くなり、脳は安らぎを覚え、心も安定するというわけです。

このような科学的事実を踏まえ、「感動することで、あえて涙を流す〝涙活(るいかつ)〟という営み」を提唱している専門家もいます。

私も、このような取り組みをお母さんたちに推奨したいと思います。

もし、少しでも「悲しい」と思ったら、「毎日疲れた」「しんどい」「育児なんて、もうイヤだ」「逃げ出したい」「明日がくるのがつらい」などと感じたら、まずは、思いっきり泣いてください。自分の気持ちにフタをしたり、隠そうとすることは、脳科学的にいうと非常によくない行為なのです。

「私は本当は○○と感じているんだ」と、自分の心を素直に受け入れたら、あとは何も考えず、涙を流してみてください。ただし、泣くときはお子さんのいないところで、というのが鉄則です。普段明るく元気なお母さんが、涙を流している姿を見たとき、お子さんが受けるショックの大きさは、計り知れません。余計な心配のタネを、抱え込ませてしまいます。

「悲しい」という自分の気持ちを素直に受け入れることは、脳科学的に見て非常に大事なことです。真実の心を受け入れることからしか、心を前向きに立て直すことはできません。「自分の心を偽る」と、脳が「本当の心」との食い違いに気付き、違和感を覚え、心のバランスを崩すことへとつながっていきます。

脳とは非常に精巧にできていて、「心がウソをついていること」をきちんとキャッチします。そしてそのようなウソを、とても不快に感じてしまうのです。

ママ友に合わせすぎなくていい

近年「ママ友」という言葉が一般に広まるようになり、さまざまなニュース記事などでも、ママ友にまつわる事柄がよく報じられるようになりました。

その中には、「ママ友問題」を面白おかしく興味本位で取り上げているようなものも見受けられます。

これからママ友とのお付き合いが新しく始まるという人は、情報に惑わされず、自分らしいお付き合いのスタイルを築いていってほしいと思います。

ママ友との関係を築くことには、多くのメリットがあります。

その反面、残念なことですがデメリットが生じることも珍しくはありません。

ですから、「何が何でもママ友をたくさん作らねば」「ママ友の輪からはじき出されないよう、ついていかなくては」などと、こだわりすぎないようにしたいものです。

ママ友のメリットとして、まず挙げられるのは、情報交換ができるという点でしょう。

「隣町の××スーパーでは無料の宅配サービスが始まった」

「○○屋さんでは、無農薬野菜の品揃えが充実している」

「駅から近い小児科は△△医院、この町で古くからある耳鼻科は○○クリニック、規模が大きな眼科は□□病院」

「駅の近くに、ピアノ教室が新しくできた」

このような、役立つ情報を交換できる関係が築けると、理想的です。

ただし、受け取る情報の〝質〟が変わってくると、注意が必要です。たとえば、人の悪口や批判、グチなどの占める割合が増えてきたときです。

「隣町の××スーパーの無料の宅配サービスが始まって、利用したんだけれど、到着時間が大幅に遅れて、困ったの。あのお店、ダメね。そもそもあのお店、品揃えが悪いでしょう……（以下、批判が続く）」

「○○屋さんで無農薬野菜を買ったんだけど、新鮮じゃない気がして買うのをやめちゃった。やっぱり△△屋さんのほうがいいかも。子どもの食材についてこだわるのって、しんどいわよね……（以下、グチが続く）」

「△△医院で診てもらったら、子どもが泣いちゃって……。あの先生、雰囲気がこわいのよね。耳鼻科の○○クリニックって、混んでるから丁寧に診てくれなくて不安だわ。眼科の□□病院、規模が大きいのは安心できるんだけど、建物が古いからテンション下がるのよね……（以下、悪口が続く）」

「新しいピアノ教室の体験レッスンに行ったら、担当がアルバイトの先生で、残念だったわ。もっといい先生を増やせばいいのに……（以下、悪口が続く）」


このように、「客観的な情報」と「主観が混じった情報」の間には、大きな差があります。悪意が混じった情報を受け取り続けていると、どんなにタフな人でもやがて疲れてしまいます。

「あのママさんと話すとストレスを感じる」「〝心のよりどころ〟ではない」少しでもそう感じたら、距離を置くべきです。

また「わが子を他の子どもと比べるクセのあるママさん」にも、注意が必要かもしれません。成長過程のほんのわずかな「他の子との違い」に注目して一喜一憂するお母さんは、決して少なくありません。

聞いた話ですが〝あからさまな自慢〟ではないように装い、巧妙な言い回しで「マウンティング」をしかけてくる……。そんな事例もよく見聞きします。

「うちの子、もう寝返りしたのよ。母子手帳に書いてある時期よりも早いから、ちょっと〝心配〟なのよね」

「うちの子、もう歩き出しちゃったの。まさか、こんなに早く歩けるようになるとは思わなくて。ずっとハイハイのままならラクだったのに、〝困る〟わぁ」

「心配」「困る」、これらのワードは社交辞令で、受け取る側の状況によっては「自慢された」と不快になったり、悲しくなってしまう局面もあるはずです。

もちろん、相手にまったく悪気がないこともあります。ですから予防策としては、「不快な人とは、心の距離をそっととる」というのが、賢明でしょう。

同月齢、同年齢の子どもをもつお母さん同士は、共感し合える要素が多いもの。反面、ふとした拍子にライバル的な関係に一変しやすいことも……。「何が何でも関係を維持しなければ」と、執着しすぎないでくださいね。

子育てに〝正解〟なんてありません

子育てには、「正解」というものがありません。

たとえば、乳児期に母乳だけで育てるか、母乳とミルクのどちらも与えて育てるか、ミルクだけで育てるか、どの方法が「最上」か、さまざまなところで議論が繰り広げられていますが「正解」なんて誰にもわかりません。「専門家の意見」や「理想的な子育て理論」はあるかもしれませんが、「こうであるべきだ」という「正解」を振りかざす人はごく少数派です。

なぜなら、頭の中で「△△というやり方が理想であるらしい」とわかっていても、実際にそのような方向に進んでいけるものではないからです。

育児にまつわる問題は、お母さんの希望、お子さんの気持ち、家庭の事情など、さまざまな要因が複雑に作用し合い、「□□□というやり方にたどりついた」というケースがほとんどでしょう。つまり、お母さんが描いた青写真どおりには進まないのが、「育児」なのです。

そもそも子育てについて、どの時期に〝答え合わせ〟をするのかという問題もあります。

過酷な〝お受験戦争〟を経て一流といわれる中学校（小学校）に入学し、ストレートでいわゆる〝一流大学〟に進学、〝一流企業〟に就職したとします。けれどもトラブルを起こして退職する羽目になり、不景気の煽りを受けて転職にも失敗、失業に追い込まれたり、結婚、出産を経て退職、育児ノイローゼから自殺未遂にまで追い込まれたり。さまざまな可能性が考えられます。

世の中には「勝ち組」「負け組」などと安易な二元論で判断しようとする動きもありますが、人生のたった1つの地点だけに注目をして「勝ち」「負け」などと決め付けることには大きな疑問を感じます。

「平均よりも成長が早ければ、ＯＫ」「いい学校に進学できれば、将来は安泰」もしお母さんがそのように感じがちであるのなら、お子さん本人の本質ではなく、世間体や見栄を気にしすぎているのかもしれません。

「人からすごいと言われること」を、育児の目標にはしないでくださいね。

「お母さん」もたまにはお休みしましょう

24時間365日、休みなく母親業をしていては、慢性的な疲れやだるさを感じるようになっても仕方がありません。

あるお笑い芸人さんの「閉店ガラガラ……」というギャグを覚えていますか。「もう今日はおしまいです」という意味のギャグでしたが、お母さんが自分の意志で「母親業を休むこと」なんて、なかなか難しいものです。

たとえどれだけ、休みたくても「わが子を風呂に入れ、ご飯を食べさせ、歯磨きをしてからでないと休めない」そう思ってしまうお母さんは多いのではないでしょうか。

また、それらの仕事をすべてこなして、いざ休もうとしても、お子さんが眠れなかったり、グズっていたり、「遊ぼうよ」と近寄ってきたりしたら「目を閉じることなんて難しい」そう感じるお母さんが大多数ではないでしょうか。

とはいえ、お子さんの一挙手一投足を気にし続けて、ずっと注意を払っていたら、お母さん自身があっという間に倒れてしまいます。お母さんは「ＡＩ（人工知能）」を搭載したロボットではありません。心身共に「限界」があることを忘れないでください。

機械でさえ、電源の入れっぱなしはトラブルのもととされ、こまめにスイッチを切るものです。人の体は、より繊細なものだととらえておいてください。

たまには「育児」という大役から離れ、外食や買い物を楽しんだり、映画館や美術館を訪れて心を潤すことが必要です。家族などと予定を調整して、「１日丸々休む日」を作り、自分の気持ちを満たすようにしていきましょう。

また、お子さんの成長と相談しながらの話になりますが、趣味を深めていくなど、「育児以外の事柄に興味を注ぐこと」も、おすすめです。脳を「育児のこと」以外にいったんフォーカスさせることでリフレッシュして、さらなる活力を得ることができます。

休んだあと、お子さんと再び顔を合わせたとき、今までとは違うポジティブな感情が湧いてくるはずです。ハグして、喜びをシェアし合いましょう。

第４章 まとめ

育児がラクになり
親子関係もスムーズにいく考え方

★子どもとは、お母さんともお父さんとも違う人格をもった独立した存在である。

★子どもは、「お母さん」を第一に求めるもの。つまり「お母さん」とは、どんなときでも子どものいちばんの味方である。

★育児中のネガティブな気持ちは、ネットも活用して、上手に発散していくほうがいい。

★気分転換をこまめに行ない、リフレッシュすることで、子どもにもっとやさしくなれる。

★「大変だ」と感じる時期ほど、近未来の行事やイベントなど、楽しいことを積極的に想像すればいい。

★疲れたり、悲しくなったりしたときは、ネガティブな感情をおさえ込まずに、子どものいないところで思いっきり泣くのがいい。

★ソリの合わないママ友はもちろん、“さりげなく自慢するママ友”や、“マウンティングをしかけてくるママ友”とは、距離を置いていい。

★子育てには、「正解」も「勝ち負け」もない。

★「子育てを完全に忘れる時間」を意識的にとることで、育児をより楽しめるようになる。

おわりに

最後に、私の幼児期の忘れられない記憶をお話しさせてください。

不思議なことですが、大人になった今でも「母に叱られたときのこと」を、懐かしさと共に思い出すことがあります。今思えば、母の「叱り方」は、脳科学的に見てもベストだったような気がします。

母の叱り方は端的で、「ガミガミ」と続いたことは一度もありませんでした。そのうえ母は、私にきちんと向き合い、手を触りながら叱ってくれたのです。

「これはいけないことだよね」

そんなふうにやさしく、わかりやすく冷静に言葉を選んで話す母の声を、今でもぼんやりと思い出すことができます。また、そのあたたかい手の感触も、時を超えてよみがえってくるような気がするのです。

つまり私にとって、「叱られた経験」はマイナスのこととして記憶されていません。むしろプラスの出来事、「うれしい記憶」として心に今もあるのです。

他の面でも、母についてはポジティブな記憶ばかりが残っています。

たとえば人生の過程で歩むべき方向性に迷ったとき、進路のことや仕事のことで、母は決して命令したり、指図したりするようなことはせず、私が主体的に道を選びとれるまで、やさしく見守ってくれました。

また、冷静に考えると不思議なくらい、私のことを常に肯定し、全力で〝味方〟でい続けてくれました。

「あなただったら、絶対できるはずだから」

絶妙な距離感でしっかりと支えてもらったことには、感謝しかありません。

このように、「叱られたこと」や「励まされたこと」など、本人にとって特に印象深かった出来事は、「短期記憶」から「長期記憶」へと切り替わり、生涯心に残り続けることも珍しくありません。

つまり、幼少期のお子さんへの接し方というのは、あとあとまで尾を引きます。

だからこそ、少しでも心を砕いて、やさしい気持ちで言葉を選び、うまくほめたり、叱ったりすることが大切なのです。

本書でも繰り返しお伝えしてきましたが、よくない「ほめられ方」や「叱られ方」を続けていると、お子さんに「心の傷」として残ったり、成人後の言動にまで悪影響が及んだりする可能性も否定できないのです。

最後にこれだけは心に留めておいてほしいことをお伝えします。

①乳児期にはたくさん抱いてあげましょう。

②「叱る」とは「子どもが〝善悪〟を学ぶこと（しつけ）」。価値判断は子ども自身に学ばせましょう。

③叱るとき、ほめるときはボディタッチをしながら行ないましょう。叱ったあとはやさしく抱きしめてあげましょう。「膝の上」という〝心の安全基地〟に座らせてから行なう方法もあります。

④身の回りのリスクについて教えるときは感覚的・直感的にわかるように、「これは危険なんだよ」「これは熱いんだよ」とやさしく語りかけましょう。危ない事柄はどの程度危険か、教え諭しつついろいろなことを体験させてみましょう。

本書を参考にしていただくことで、多くのお母さんとお子さんが、より幸せな人生を歩まれますよう、心から願っています。

片野晶子

〈著者略歴〉

片野晶子（かたの・しょうこ）

脳科学者。筑波大学大学院人間総合科学研究科感性認知脳科学専攻。筑波大学大学院にて小児期に始まる発達障がいの精神医学的手法・行動科学的手法などを用いて、病態や障がいの解明および対応方法の開発と研究を行ない、行動科学博士を取得。障がいをもつ子どものための「教育から雇用までのトータルサポート」を目指し、株式会社インクルーシブ教育研究所を2010年2月に設立。これまでに700人以上の支援に携わり、子どもの将来を見据えた教育を行なう。幼稚園教諭、小学校教諭、特別支援学校教諭、司書教諭、幼児食アドバイザーの資格をもつ。著書に『育てにくい子どもを伸ばす魔法の言葉かけ』（アスコム）、『みんながおしえてくれたこと』（ゴマブックス）、共著に『発達と脳　コミュニケーション・スキルの獲得過程』（医学書院）がある。

編集協力　山守麻衣
装幀・本文イラスト　林ユミ
装幀デザイン　林コイチ（ASIANPLANET）
本文デザイン　朝日メディアインターナショナル株式会社

子どもの脳をダメにするほめ方・脳を育てる叱り方

2019年5月23日　第1版第1刷発行
2024年5月9日　第1版第9刷発行

著　者　片野晶子
発行者　村上雅基
発行所　株式会社PHP研究所
京都本部　〒601-8411　京都市南区西九条北ノ内町11
〔内容のお問い合わせは〕暮らしデザイン出版部 ☎075-681-8732
〔購入のお問い合わせは〕普及グループ ☎075-681-8818
印刷所　大日本印刷株式会社

ISBN978-4-569-84436-7